Hartmut Gericke-Steinkühler

Christsein chinesisch
Die Lebensgeschichte des Pastors
Leung Sin-Sang in Hongkong

mit einem Ausblick auf die Entwicklung
der christlichen Kirche im südlichen China

Christlicher Glaube in der Einen Welt Bd.3
Herausgeber:
Nordelbisches Zentrum für Weltmission und kirchlichen
Weltdienst (NMZ) Hamburg

E.B.-Verlag Hamburg

Die Deutsche Bibliothek - CIP-Einheitsaufnahme

Gericke-Steinkühler, Hartmut:
Christsein chinesisch : die Lebensgeschichte des Pastors Leung Sin-Sang in Hongkong ; mit einem Ausblick auf die Entwicklung der christlichen Kirche im südlichen China / Hartmut Gericke-Steinkühler. - Hamburg : EB-Verl., 1997
(Christlicher Glaube in der einen Welt ; Bd. 3)
ISBN 3-930826-25-9
NE: GT

Druck und Bindung: Druckerei ROSCH-BUCH, Scheßlitz
Umschlaggestaltung: Atelier Gabler / Rothfos Hamburg
Umschlagbild: Pastor Leung Sin-Sang im Gespräch mit einem Freund vor der Kapelle auf den Tao Fong Shan, Hongkong
Printed in Germany

Inhaltsverzeichnis

Vorwort	5
Einleitung	9
l. Das südliche China in den zwanziger Jahren dieses Jahrhunderts	15
2. Leungs Kindheit	24
3. Kriegsjahre: Bürgerkrieg und der Chinesisch-Japanische Krieg (1937-1945)	31
4. Leung als Theologiestudent	39
5. 1949 - Das Jahr der 'Befreiung' und die Folgen	47
6. Unter kommunistischer Herrschaft	50
7. Zwei Jahre Deutschland	55
8. Als Missionar unter den Chinesen in Malaysia	60
9. Zurück in Hongkong - Lepraarbeit auf der Insel Hei Ling Chao	66
10.Die Arbeit im Philip Haus die Kindertagesstätten	75
11.Besuche in Deutschland - die Familie	91
12.China öffnet sich - 1979 - Wiedersehn nach 30 Jahren	93
Yan Lin - Privateigentum	99
Shoi Yen - Träume	102
Lu Dak - Auslandsstipendium	104
Fung Yan - die Einheit	108
Danwei Tsan Ying - Zwillinge	113
13.Neubeginn für die Kirche und ihre Gemeinden	116
14.Die Lepraarbeit in der Provinz Guangxi	132
15.Kirchliche Entwicklung im Süden Chinas heute und ihre Probleme	145
16.Begegnungen in Nanning - Distriktzentrale der Drei-Selbst-Bewegung in der Autonomen Region Guangxi	162
17.Reflexionen zu Pastor Leungs Leben	169
18.Ausblick - die Chinabeziehungen der Nordelbischen Kirche	178

1985 wird Leung durch die Königin von Großbritannien geehrt mit der Auszeichnung OBE "Order of the British Empire", verliehen duch den Gouverneur in Hongkong

Vorwort

Die politische Geschichte Chinas in diesem Jahrhundert ist wahrhaftig aufregend. Wohl kaum ein anderes Land hat in wenigen Jahrzehnten so viele Revolutionen und so tiefgreifende Umwälzungen erlebt wie China. Zum einen ist es eine Geschichte der Befreiung und Emanzipation von Fremdherrschaft und feudalen Gesellschaftsstrukturen, zum anderen eine Geschichte von Krieg, Gewalt und unendlichem Leid.

Auch die Geschichte der christlichen Mission in China ist aufregend. Jahrzehntelang arbeiteten hier mehr Missionare und Missionarinnen als in jedem anderen Land. In der Mitte unseres Jahrhunderts gab es etwa eine Million evangelischer Gemeindeglieder verschiedener Konfessionen. Dann kam der große Bruch mit der Machtergreifung Mao Tse-Tungs. Er bedeutete das Ende der westlichen Mission in der Volksrepublik China und wurde mit Recht als "Menetekel" bezeichnet, das "über der gesamten neuesten Missionsgeschichte steht" (H.-W. Gensichen). Ab 1966 folgten zehn leidvolle Jahre der "Kulturrevolution" mit brutalen Verfolgungen von Christen, Buddhisten und Muslimen. Es war das erklärte Ziel der Kulturrevolutionäre, jede Form von Religion mit Stumpf und Stiel auszurotten und endlich den "aufgeklärten Atheismus" zur allein gültigen Weltanschauung zu machen.

Das ist heute alles Vergangenheit. Zwar ist die Kommunistische Partei noch an der Macht, aber für ihre Ideologie begeistern sich nur noch wenige. Statt dessen haben Kirchen, Tempel und Moscheen großen Zulauf. Hier scheinen viele zu finden, was ihnen weder die alte Doktrin vom "historischen Materialismus" noch die neue Lehre vom Materialismus des wirtschaftlichen Fortschritts zu geben vermag: Orientierung und Halt in einer Zeit geistiger Verunsicherung. Im "neuen China" hat sich die Mitgliederzahl in den evangelischen Gemeinden verzehnfacht.

Das vorliegende Buch zeichnet den Lebensweg eines chinesischen Christen nach, der uns in Nordelbien immer wieder daran erinnert hat, China nicht aus den Augen zu verlieren. Pastor Leung Sin-Sang konnte seit Ende der vierziger Jahre selbst nicht mehr in seiner südchinesischen Heimat leben, aber dennoch oder gerade deshalb wurde er für uns zum wichtigsten Informanten und Interpreten der Ereignisse in der Volksrepublik China. In Hongkong fand er eine neue Aufgabe als Seelsorger der Leprakranken und als Leiter der Philip Haus Kirche, aber zugleich konnte er die Informationen, die durch den "Eisernen Vorhang" drangen, sammeln und an uns weitergehen. Aufgewachsen im Hause von Felix und Claire Paulsen fühlte er sich immer auf engste mit der Breklumer Mission verbunden. Seit seinem ersten Aufenthalt in Deutschland 1955 bis 1957 war er in vielen Gemeinden in Hamburg und Schleswig-Holstein ein häufiger und gern gesehener Gast, und manchen wurde er ein persönlicher Freund.

Einer von ihnen ist der Autor dieses Buches. Als langjähriger Ostasienreferent des Nordelbischen Zentrums für Weltmission und Kirchlichen Weltdienst (NMZ) hat er detaillierte Kenntnisse über die Kirche in Hongkong und in der Volksrepublik China, die es ihm ermöglichen, den Lebensweg seines Freundes Leung in größere Zusammenhänge einzuordnen. So ist dieses Buch weit mehr als die Biographie eines außergewöhnlichen Mannes, eines "modernen Franz von Assisi", wie er ihn charakterisiert. Es ist zugleich eine sehr persönlich geschriebene und daher gut lesbare Geschichte der mit uns verbundenen Gemeinden in Hongkong und China.

Das NMZ wird sich auch in Zukunft um eine enge partnerschaftliche Beziehung zu den chinesischen Christen und Kirchen bemühen. Wir sind dankbar, daß wir mit ihnen seit mehr als sieben Jahrzehnten verbunden sind, aber wir wollen ernstnehmen, daß sie seit den fünfziger Jahren einen eigenständigen Weg gegangen sind, der weniger Kontinuität mit der Arbeit unserer Breklumer Mission in China bedeutet, als vielen bewußt sein mag. Ihre Glaubwürdigkeit und Anerkennung als chinesische

Kirche haben die chinesischen Christen und Christinnen erst nach dem gewaltsamen Ende der westlichen Mission erlangt. Sie haben sie ganz alleine in der Zeit der Verfolgung erworben.

Den folgenden Seiten entsprechend möchte ich auch dieses Geleitwort mit persönlichen Bemerkungen abschließen. Bei meinem Besuch in den chinesischen Gemeinden habe ich oft das Empfinden gehabt, viel zu lernen und viel zu empfangen. Mit Staunen habe ich mich gefragt: Wächst hier eine Kirche heran, die unsere konfessionellen Spaltungen überwindet? Wie kommt es, daß im säkularen "nachkommunistischen" China die Menschen gerade in den Religionen und besonders bei den Kirchen nach Antworten suchen, während etwas Vergleichbares im Osten Deutschlands oder Europas nicht zu beobachten ist? Woher nehmen die chinesischen Gemeinden ihre missionarische Anziehungs- und Ausstrahlungskraft, ohne gezielte Missionsarbeit zu betreiben?

Nach der Lektüre dieses Buches könnte die Antwort lauten: In China gibt es viele Menschen wie Leung Sin-Sang. Wenn das ein Ergebnis der Missionsarbeit ist, an der auch die Breklumer beteiligt waren, dann war und bleibt sie ein Segen.

Januar 1997
Joachim Wietzke

Einleitung

Dieses Buch soll ein Dank sein an meinen langjährigen Freund und Begleiter Pastor Leung Sin-Sang aus Hongkong. Wir trafen uns zum erstenmal 1955 bei einer seiner Vortragsreisen im Lauenburger Land. Schon damals hat er einen tiefen Eindruck auf mich gemacht. In den siebziger Jahren haben wir uns in Hongkong wiedergesehen; er erzählte damals mit großem Engagement von seinen Aufgaben und Plänen.

Seit 1987 habe ich ihn dann alljährlich als der Ostasienreferent des Nordelbischen Zentrums für Weltmission und kirchlichen Weltdienst, kurz NMZ genannt, bei seiner Arbeit in der Lutherischen Philip Haus Kirche und in den Kindertagesstätten in Hongkong begleiten dürfen. Nahezu jedes Jahr waren wir gemeinsam im Süden der Volksrepublik China unterwegs. Leung hat mir dort die Türen und die Herzen der Menschen geöffnet und die Kontakte hergestellt. Dadurch wurden die alten Beziehungen der Nordelbischen Kirche zu Gemeinden im Süden Chinas, die einmal mit aus der Arbeit der Breklumer Missionarinnen und Missionare hervorgegangen waren, aufs neue belebt, so weit das heute möglich und erwünscht ist.

Auf den gemeinsamen Fahrten in der Bahn oder im Bus, beim Warten auf den Flughäfen oder während unserer schlaflosen Nächte in den Hotelzimmern hatten wir unendlich viele Stunden zum Reden und Austausch. Dabei hat mich mein Freund Leung einen tiefen Blick tun lassen in sein eigenes Leben und das seiner Familie, was eng mit seiner Arbeit verbunden ist. Wir hatten Gelegenheit, den Menschen in Hongkong und im Süden Chinas zu begegnen und in unzähligen Gesprächen etwas von ihren Freuden und Sorgen zu erfahren.

Durch die Besuche in den Häusern von Leungs Geschwistern und die Gespräche mit ihnen konnte ich einen Blick hinter die Vorhänge und Türen der chinesischen Familien tun und sie in

Drei Bischöfe im Gespräch (v.l.): Dr. Hans Christian Knuth, Nordelbien; Ding Guang Xou, China Christian Council; Dr. Gordon Roe, Church of England, Ely Diözese

Bischof Dr. Knuth "im Gespräch" mit Kindern beim Besuch einer Kindertagesstätte, 1995

ihrem Alltag erleben. Durch die Empfänge und Begegnungen in den Kirchengemeinden, bei den staatlichen Gesundheitsbehörden, den Lepraärzten und in den Leprosorien, bis hin zu den festlichen Banketts mit den Beamten des staatlichen Religionsbüros wurde das Bild ergänzend abgerundet.

Pastor Leung war ein geduldiger Übersetzer im tiefsten Sinne des Wortes. Wie oft haben wir nachts diskutiert, was denn dieser oder jener Beamte gemeint haben könnte; oder wie wir uns hier und dort zu verhalten hätten. Ich habe die Dinge durch Pastor Leungs Augen gesehen und kennengelernt. Das hat seinen Niederschlag in diesem Buch gefunden.

China ist ein so riesiges Land, daß es nahezu unmöglich ist, allgemein gültige Aussagen zu machen. So mag dieses Buch einen gewissen Reiz haben, weil es sich ganz bewußt auf ein kleines Gebiet im äußersten Süden Chinas beschränkt: angefangen bei der großen alten Messestadt Guangzhou, in Europa immer noch unter dem Namen Kanton bekannt, bis hin in die Grenzprovinz, die Autonome Region Guangxi mit Nanning als Hauptstadt. Dies ist die Heimat von Pastor Leung; Hongkong aber sein direkter Lebens- und Arbeitsplatz.

Durch unsere Besuche im Süden Chinas konnten die Kontakte zwischen den Christen dieser Region und den Christen in Nordelbien wieder aufgenommen und zunehmend vertieft werden. Über lange Jahre, nach der Ausweisung der Missionare 1949 und besonders während der Kulturrevolution, waren alle Verbindungen mit den Christen in China abgebrochen. Es gab viele bange Fragen überall in der Welt, ob die Kirche in China die schrecklichen Jahre der Verfolgung überleben könnte. Wie wurde aller Kleinglaube beschämt, als wir feststellen mußten, daß die Kirche in China nicht nur überlebt hatte, sondern mit einer ungeheuren geistlichen Stärkung daraus hervorging, so daß sie heute die am schnellsten wachsende Kirche der Welt ist.

Es waren einmal Missionare aus Europa und Amerika, die das Evangelium nach China getragen haben, unter ihnen die Breklumer Mission. Durch die politischen Ereignisse in den letzten Jahrzehnten in der Volksrepublik hat der Protestantismus in China ein neues Gesicht bekommen. Aus den vielen Missionen ist eine Kirche erwachsen, die Patriotische Chinesische Drei-Selbst-Bewegung, innerkirchlich auch als China Christian Council (CCC) bezeichnet. In der Auseinandersetzung mit dem kommunistischen Staat wurden die Unterschiede zwischen Lutheranern und Baptisten, zwischen Anglikanern und Pfingstlern, zwischen Methodisten und Adventisten minimal und unbedeutend. Sie fanden zu der einen Kirche zusammen, die sich selbst verwaltet, selbst gestaltet und sich selbst ausbreitet. Man spricht von der postdenominationellen Epoche. Diese Kirche ist zu einer ökumenischen Herausforderung für die Kirchen Europas geworden.

So war es sicherlich ein besonderes historisches und kirchengeschichtliches Ereignis, als im August 1995 eine gemeinsame Kirchendelegation aus der Nordelbischen Evangelisch-Lutherischen Kirche unter der Leitung von Bischof Dr. Hans Christian Knuth und der Anglikanischen Kirche von England, der Ely Diözese, unter Führung von Bischof Dr. Gordon Roe nach China aufbrach und besonders die Christen in der Provinz Guangxi besuchte. Es war zugleich die erste offizielle Auslandsreise des neuen Missionsdirektors, Dr. Joachim Wietzke, der damit das besondere Interesse des NMZ an seinen China-Beziehungen unterstrich. Sie erwiderten damit einen Besuch des Distriktpräsidenten Pastor Timothy Yu aus Nanning, der 1993 mit einer chinesischen Kirchendelegation Nordelbien einen ersten Besuch abgestattet hatte.

Mission ist heute keine Einbahnstraße mehr - das ist heute eine allgemein anerkannte Aussage. Was es bedeutet, das wird gerade in der Beziehung zu den Christinnen und Christen Chinas deutlich. Hier sind die Kirchen der alten Welt plötzlich zu den Lernenden geworden. Gemeinsam mit den Chinesen fragen wir nach Gottes Auftrag in unserer Welt heute, und wie wir da voneinander lernen und unsere Talente teilen können.

Dies alles hat ein Stück weit der Pastor Leung Sin-Sang angestoßen und begleitet. Dafür sei ihm hier gedankt. Mögen die Beziehungen zwischen den Christen Nordelbiens und im Süden Chinas wachsen und sich gegenseitig zum Segen werden.

Sieseby, im Februar 1997
Hartmut Gericke-Steinkühler

Straßenszene im südlichen China

1. Das südliche China in den zwanziger Jahren dieses Jahrhunderts

China ist ein riesiges Reich. Es erstreckt sich 4000 Kilometer von Nord nach Süd und 5000 von Ost nach West und ist bevölkert von 1,2 Milliarden Menschen - das volkreichste Land der Erde. Zwar stellen die Han-Chinesen mit etwa 95 % der Bevölkerung den weitaus größten Block, daneben gibt es aber unzählige Minoritätengruppen, besonders im Süden des Landes. Von dort betrachtet ist Peking weit, sehr weit - und das Leben in diesen eher ländlichen Regionen sieht sehr anders aus als in den Städten des Nordens.

Das war schon immer so, und besonders auch in den ersten Jahrzehnten dieses Jahrhunderts spürbar. Während im Norden die Spannungen zwischen Chinesen und den "Langnasen", den europäischen Eindringlingen, groß waren und immer wieder zu manchmal auch gewalttätigen Auseinandersetzungen führten, gab es im Süden ein schiedliches, friedliches Neben-, bisweilen gar ein Miteinander.

In ganz China hatten sich die europäischen Mächte und die Amerikaner im Laufe des 19. Jahrhunderts durch ihre Kanonenbootpolitik den Zugang zum Reich der Mitte erzwungen. Sie hatten dem chinesischen Kaiserhaus und Volk in den demütigenden "Ungleichen Verträgen" Territorien abgetrotzt, meist wichtige Hafenstädte, die sie als Einfallstor benutzten - für ihren Handel und ihre militärische Präsenz. Zugleich aber waren diese Orte Ausgangspunkt für die christlichen Missionen, die durch diese Tore ebenso schritten wie die Soldaten und Kaufleute. Für die Chinesen war kaum ein Unterschied zwischen ihnen feststellbar.

"Am 2.Oktober 1923 bin ich in Pakhoi auf der Missionsstation der Breklumer Missionare geboren worden", erzählt Pastor Leung Sin-Sang - und beginnt zu erinnern, wie es damals im südlichsten

Im Schatten der Arkaden spielt sich ein großer Teil des Lebens ab

Zipfel Chinas an der Grenze zu Vietnam, dem sogenannten Indochina, aussah.

Pakhoi war damals eine kleine Hafenstadt. Zu Anfang des Jahrhunderts waren auch hier unter dem Einfluß der reichen Kaufleute von Kanton und Hongkong einige Straßenzüge mit schmucken Steinhäusern entstanden. Unten öffneten sich diese Häuser meist mit zwei großen Toren zu einem Laden oder einer kleinen Werkstatt, so daß stets ein Teil der Straße mit in die Geschäftigkeit eines solchen Betriebs einbezogen werden konnte. Die Räume des ersten Stockwerks waren zur Straße hin ein Stück vorgebaut, so daß sie eine schattenspendende Überdachung bildeten, unter der sich das tägliche Treiben abspielen konnte. Bei den nahezu tropischen Temperaturen während der langen Sommermonate sehnte man sich nach einem Stück Schatten. Deswegen auch waren die einzelnen Häuser dicht aneinander gebaut und bildeten eine lange, oft recht enge Straßenflucht. Während im unteren Bereich des Hauses die offiziellen Räumlichkeiten waren, spielte sich das Privatleben der Familien in den darüberliegenden Stockwerken ab. Hatte ein Haus nur noch einen Stock, so konnte man auf die Bescheidenheit des Besitzers Rückschlüsse ziehen; je mehr Stockwerke eine Familie vorweisen konnte, um so angesehener mußte sie sein.

Die Häuser waren aus Stein gebaut, aus gebrannten Ziegeln, die es reichlich in den umliegenden Dörfern gab. Fast jeder Ort hatte seine kleine Ziegelei, verarbeitete den Lehm und Ton, der überall zu finden ist, zu Baumaterial für den eigenen Bedarf und verkaufte fertige Ziegel in die Stadt. Mit Ochsenkarren oder großen Ziehwagen brachten die Lastkulis die Steine in die Zentren, eine der schlimmsten Arbeiten und schlecht bezahlt noch obendrein.

Obwohl es im subtropischen Süden oft gewaltige Regengüsse gab, namentlich in den Wintermonaten, hatten die Häuser normalerweise ein begehbares Flachdach, auf dem sich besonders in den Abendstunden ein Teil des familiären Lebens abspielte. Je höher das Haus war, um so schöner der Blick von dort über die Stadt und um so kühler die abendliche Brise vom Meer.

Eigentlich war Pakhoi eine unbedeutende kleine Hafenstadt, hauptsächlich von Fischern bevölkert, die aus dem großen Südchinesischen Meer ihre Fische fingen, Hummer und Krabben, Tintenfische und Krebse und was das Meer noch alles auf seinem reichlich gedeckten Tisch darbot. Schon früh hatte sich Pakhoi einen Namen als Perlenstadt erworben, denn immer wieder fanden Taucher in den Muscheln diese köstlichen "Steine", die wie eh und je hochbegehrt waren. Deswegen hatten sich manche der Fischer auf die Perlenzucht spezialisiert und damit den Namen der Stadt weit über ihre Grenzen hinaus bekannt gemacht.

Natürlich war Pakhoi auch Marktplatz, Anziehungspunkt für die umliegenden Dörfer, die ihre landwirtschaftlichen Produkte hier feilboten: Ananas und Südfrüchte, die köstlichen Mango und Papaya, natürlich auch Reis und Getreide; es war Gemüse- und Viehmarkt zugleich. Während die einen ihre Ackerprodukte zu verkaufen suchten, boten die anderen ihre Meeresfrüchte an - und so war der Markt stets von einer bunten Vielfalt geprägt und immer voller Menschen. Die einen kauften von den anderen das, was sie selbst nicht hatten. Und wie überall auf der Welt war der Markt die Nachrichtenbörse der Stadt und der umliegenden Landstriche. "Wissen Sie schon ... " - und dann erfuhr man Neuestes aus nah und fern.

Es gab auch eine bescheidene Textilindustrie im Süden. Auf den Feldern wurde zum Teil Baumwolle angebaut, geerntet und dann in kleinen Familienwebereien verarbeitet. Meist waren die Tuche aber sehr grob und hatten daher für den Export oder Markthandel wenig oder gar keine Bedeutung. Dasselbe galt für die Seidenindustrie, die ebenfalls in einigen Familien betrieben wurde. Es wurde aber nur sehr rauhe Seide hergestellt.

Feine Tuche oder Seidenstoffe kamen ausschließlich aus dem Norden, aus Hongkong oder Shanghai und mußten auch im Süden teuer bezahlt werden.

All das rechtfertigte eigentlich nicht das große Interesse, das die Europäer an der kleinen Hafenstadt hegten. Sie waren in großen Scharen angerückt und hatten Konsulate eröffnet, die Engländer und die Amerikaner, die Deutschen und allen voran die Franzosen. Sie hatten sich schöne Grundstücke gesichert, am Wasser gelegen oder mitten in der Stadt. Das größte Areal beanspruchten die Franzosen mit ihrer ausländischen Vertretung. Dort gab es nicht nur die Gebäude des Konsulats, sondern auch eine katholische Kirche, ein kleines Kloster mit einigen Mönchen, ein von Nonnen geführtes Waisenkinderheim und verschiedene Schulen.

Am Beispiel der Franzosen wird deutlich, daß das Interesse der Weißen neben dem Handel mit Meeresfrüchten, Perlen und landwirtschaftlichen Produkten auch ein politisches war: Pakhoi war der südlichste Hafen Chinas - sozusagen das Tor zu Indochina, wo der Westen politisch Präsenz demonstrieren und Ansprüche geltend machen wollte, allen voran die Engländer und Franzosen, aber auch die Amerikaner und Deutschen.

Es gab auch einen bescheidenen Handel mit Produkten der traditionellen chinesischen Medizin. Wie oft sich dahinter aber der Umsatz von Opium und anderen Rauschgiften verbarg, hat noch keiner erfassen können. Auf jeden Fall war Pakhoi für alle interessant und wichtig.

Mit den Händlern und Kaufleuten, den Soldaten und Verwaltungsbeamten waren die Missionare gekommen, katholische Padres und Brüder, Mönche und Nonnen aus Frankreich, die Anglikaner aus England, ein evangelikaler Missionar aus den USA, und die Breklumer Missionare aus Deutschland. Alle lebten schiedlich, friedlich nebeneinander in Pakhoi und den umliegenden Ortschaften; bildeten aber bisweilen eine kleine Welt für sich.

Wer Arbeit bei den Weißen fand, auf den Konsulaten, in ihren Geschäften oder auf einer Missionsstation, der war gut dran; denn der hatte ein regelmäßiges Einkommen, auch wenn es vielleicht sehr gering war; aber man brauchte nicht zu hungern, hatte Unterkunft und eben Sicherheit.

Während Pakhoi Handelshafen und Konsulatstadt war, residierten die chinesischen Regierungsbeamten in der etwas mehr im Binnenland am Limfluß gelegenen Kreisstadt Limchow. Von der Ortsplanung her war diese Kleinstadt ganz ähnlich konzipiert wie Pakhoi, allerdings damals sichtbar größer und für die Chinesen bedeutender. Noch bis zum Chinesisch-Japanischen Krieg hatte Limchow eine intakte Stadtmauer um den alten Stadtkern herum, ähnlich den mittelalterlichen Befestigungsanlagen in Europa. Erst während des Krieges in den dreißiger Jahren und danach wurde die Mauer geschleift und die Ziegel von den Bewohnern der Umgebung zum Hausbau benutzt.

Auch hier gab es die verschiedenen Missionsstationen der ausländischen "Jesus-Leute", wie es im Volksmund hieß; besonders die Breklumer Missionare hatten ein sehr schönes zentral gelegenes Grundstück im Herzen der Stadt mit einem großzügig gebauten Missionarshaus.

Zwischen beiden Städten verkehrte schon in den zwanziger Jahren regelmäßig ein Bus, damals das einzige größere motorisierte Gefährt in der ganzen Gegend. So diente der Bus dann auch oft mehr, um Lasten als Menschen zu transportieren. Nicht selten wurden mehr gackernde Hühner, quiekende Schweine und schnatternde Gänse und Enten darin verfrachtet, als für Passagiere Platz war. Deswegen zogen die feineren Herrschaften auch eigene Transportmittel vor - und wenn es die von Dienern getragene Sänfte war. Auf den Konsulaten hatten sie ihre eigenen Autos; die Missionare benutzten teils ein Motorrad. Aber das normale Transportmittel waren Ochsenkarren oder die von Kulis gezogenen Rikschas, die überall an den Straßenrändern oder Märkten auf ihre Kundschaft warteten.

Pakhoi war eine offene Stadt, d.h. daß die Europäer und Amerikaner hier frei Handel treiben, Land erwerben, Missionare stationieren konnten. Sie durften ihre Gesandtschaften durch eigene Truppen sichern. Die Zollstation lag in den Händen der Amerikaner. "Uns Chinesen imponierten die bunten Uniformen der vornehmen Offiziere", erinnert sich Leung. "Sie hatten die schönsten Häuser in der Stadt und kamen am späten Nachmittag im Club zusammen, spielten Karten oder Tennis und Golf."

Hier also wurde Leung Sin-Sang im Oktober 1923 auf der Missionsstation in Pakhoi geboren. Sein Vater hatte sich vom kleinen Landwirt zum Koch bei dem ehemaligen Kieler Missionar Lorenz Jenssen heraufgearbeitet - "Kein guter Koch", pflegte Jenssen zu kommentieren. Als die Kieler Missionare nach dem Ersten Weltkrieg die Arbeit an die Breklumer Mission abgaben, zog Vater Leung mit seiner Familie nach Pakhoi. Sein Bruder war dort Gärtner auf dem Zollamt und hatte erfahren, daß die Stelle des Nachtwächters neu besetzt werden sollte. Was lag näher, als sich nach chinesischer Sitte innerhalb der Familie umzuschauen und einen Verwandten auf diesen Posten zu lancieren: aus dem Bauern war der Koch, aus dem Koch der Nachtwächter geworden.

Leungs Mutter war bei seiner Geburt bereits vierzig Jahre alt und nicht sehr gesund. Ihr erstes Kind war eine Tochter, Lagit genannt, das chinesische Wort für Rahel. Selbst in einer christlichen Familie galt damals noch die Geburt einer Tochter als eine mindere Gabe Gottes. Zu sehr dachten Menschen noch in der konfuzianischen Tradition, in der die Fortführung der Familie in der Reihe der Ahnen nur über den Sohn denkbar ist.

So freute sie sich über eine erneute Schwangerschaft und betete mit ihrem Mann inständig um die Geburt eines Sohnes. Und wieder hatte Gott andere Wege für sie als erbeten: nicht ein Sohn, sondern zwei, Zwillinge wurden geboren - erneut ein böses Omen gemäß der chinesischen Tradition. Dieses Mal aber überwog die Freude - und anders als in manchen chinesischen Familien durften beide Kinder am Leben bleiben, umsorgt von den Eltern und Lagit, der älteren Schwester.

Zwillinge brauchen viel Zuwendung und Pflege; aber dafür hatte Leungs Mutter wenig Zeit. Wie alle Frauen mußte sie hart arbeiten, auf der eigenen Scholle und später als Waschfrau bei den Breklumer Missionaren. Schon im frühen Säuglingsalter starb einer der zwei Jungen, Wing Kwong, der zweite mußte seinen Weg allein gehen. Auch er kränkelte, hatte zu weiche Knochen und mußte von der älteren Schwester in einem Tuch auf dem Rücken getragen werden. Kaum fünf Jahre alt starb er an einem Durchfall, der sich wie eine Epidemie in Pakhoi und den umliegenden Dörfern ausgebreitet hatte. Viele Kinder sind damals der Epidemie zum Opfer gefallen, auch Erwachsene. Die medizinische Versorgung war doch sehr unzureichend; und wenige Chinesen konnten sich den Gang zu einem Arzt oder in die Apotheke leisten.

"Als ich geboren wurde, war ich wieder ein so zartes Kind, daß mir niemand eine Überlebenschance gab. So legten sie mich direkt nach der Geburt in den Sand und kümmerten sich um meine geschwächte Mutter, damit sie am Leben blieb; so hat es mir meine Schwester Lagit später erzählt. Als ich dennoch überlebte, haben sie mich schnell getauft, damit ich als Kind Gottes im Himmel sein würde, wenn Gott mich zu sich ruft", erzählt Leung.

Missionar Paulsen um 1930 mit seinem Motorrad. Leung Sing-Sang auf dem Sozius, vorn ein anderes Pflegekind (s.S.20).

Leung (stehend) im Kreise seiner "Geschwister", der Pflegekinder der Familie Paulsen (s. S.27)

2. Leungs Kindheit

"Meine Eltern waren beide Christen. Schon die Kieler Missionare waren in unser Heimatdorf San Zi San gekommen und hatten dort die Geschichten von Jesus erzählt." Schon bald nach der Heirat sind Leungs Eltern von San Zi San aufgebrochen und nach Limchow gezogen, der Vater als Koch bei dem Missionar Jenssen, die Mutter als Kinderfrau bei der Familie Oppermann, wo sie besonders die Tochter Zilli betreut hat. Das gehörte damals zum Lebensstil auf den Missionsstationen, daß man viel einheimisches Personal beschäftigte und ihnen so ein Stück Sicherheit und Auskommen bot. Diese Angestellten waren meist auch die treuesten Christen.

San Zi San bot Leungs Eltern keine ausreichende Lebensgrundlage. Das Dorf liegt nahe Namhong in einer fruchtbaren Flußsenke. Ein kleiner Bach fließt direkt am Dorf vorbei und spendet das ganze Jahr über Wasser für die Felder. Eine kleine Brücke verbindet das Dorf mit der Außenwelt. Nach jedem großen Regenguß, vollends aber in der Monsumzeit verwandelte sich das Bächlein in einen reißenden Strom und hat die mühsam erstellte Bambus- und Lianenbrücke wieder davongerissen. Mindestens einmal im Jahr mußte sie ersetzt werden, bisweilen öfter - und das geht mehr oder weniger bis heute so. Durch die Arbeit der Kieler und später Breklumer Missionare gab es viele Christen im Dorf, das eigentlich nur aus zwei großen Familien bestand: der Familie Li und der Familie Leung, etwas mehr als hundert Menschen.

Das Leben in einem solch kleinen Dorf war äußerst einfach. Die Gehöfte waren quadratisch gebaut mit einem kleinen Innenhof, in dem die Tiere frei umherlaufen konnten, die Hühner, die Hängebauchschweine, ein paar Enten und vielleicht noch Gänse. Die Häuser waren aus Holzpfählen gebaut, die Wände aus Schilfgras und mit Lehm überstrichen, so daß sie im Sommer schön kühlten und im Winter die Wärme hielten. Die Dächer waren mit Schilfgras gedeckt und mußten von Zeit zu Zeit erneuert werden.

In einem normalen Jahr gab es genug zu essen für alle; schließlich gaben die Felder alles her, was die Familien zum täglichen Leben brauchten: den Reis, das Gemüse, Futter für die Tiere. Allerdings mußten sie mit großer Sorgfalt bestellt werden, alles Handarbeit - nur beim Pflügen fand man Hilfe durch den Wasserbüffel. Hin und wieder aber blieb der Regen aus und nur die Felder unmittelbar am Bach hatten genügend Feuchtigkeit durch die künstliche Bewässerung; auf den höher gelegenen Gärten dagegen verdorrte die Ernte. Dann kehrte Hunger ein. Noch mehr aber als die Trockenheit war übermäßiger Regen zu fürchten, der zu Überschwemmungen führte, so daß auf den an sich fruchtbaren Feldern die Ernte einfach weggespült wurde oder auf dem Halm verfaulte - und wieder hielt Hunger Einzug. Reserven gab es keine, man lebte von Ernte zu Ernte. Hin und wieder versuchten die Familien, einen Teil ihrer Erträge auf dem Markt in Namhong zu verkaufen, um mit dem Bargeld nötige Anschaffungen tätigen zu können. In jedem Haus gab es eine kleine Geldreserve; aber sie durfte wirklich nur im äußersten Notfall angegriffen werden - Hunger gehörte nicht in diese Kategorie, er war viel zu alltäglich.

Daher waren Leungs Eltern froh, als sie eine Anstellung bei den Missionaren fanden; zuerst in Limchow, später in Pakhoi. Leung dazu: "1924 kam ich, gerade ein Jahr alt, mit meiner Mutter in das Haus von Mutter und Vater Paulsen, so nannten wir sie, Claire und Felix Paulsen. Mutter hatte dort Arbeit als Waschfrau gefunden, mußte aber auch sonst im Haushalt bei allen anderen Dingen zur Hand gehen. Ich erinnere mich besonders an die Berge von weißer Wäsche. Vater Paulsen trug nur weiße Tropenanzüge, Hemden mit gestärktem Stehkragen; so war das damals bei den Missionaren üblich. Bei den tropischen Temperaturen bedeutete das allerdings einen großen Verschleiß an Kleidung täglich. Da hatte eine Waschfrau gut zu tun. Aber auch sonst war meine Mutter zu allem geschickt."

Leung mit seiner Schwester Lagit und seinen leiblichen Eltern vor dem Missionshaus in Pakhoi

Leung im Kreise der Dorfleute von San Zi San bei einem Besuch heute

"Das Leben im Hause Paulsen war sehr kurzweilig für mich, denn ich hatte plötzlich ganz viele 'Geschwister'. Mutter Paulsen hatte keine eigenen Kinder, um so mehr waren ihr zugetragen worden, Waisen- und Findelkinder, die im Missionshaus aufwuchsen." Leung weiß heute noch ihre Namen, es waren alles 'Schwestern'. Einen Sohn behielten die Chinesen in der eigenen Familie, Töchter dagegen galten nichts. Da war die Älteste, Yan Oi, dann Lu Dak, Fung Yan, die unermüdliche Yan Lin, die eher ruhige Shoi Yen und schließlich Tsan Ying. Dazu kam der Sohn eines reichen Chinesen, Ching Wo, den Paulsens aus dem Entbindungsheim heraus adoptierten. Ihm galt die besondere Zuwendung; aber auch der besondere Schmerz. Ching Wo starb mit neun Jahren bei einer Darmoperation im französischen Krankenhaus in Pakhoi. Er litt stark unter Würmern, damals eine weit verbreitete Seuche im warmen Süden. Alle mußten regelmäßig Wurmmedizin einnehmen, wenn sie nicht zu sehr darunter leiden wollten. Ob es eine Überdosis dieser Medizin war oder eine andere Ursache zu Ching Wos frühem Tod führte, weiß niemand so genau.

"All die vielen Kinder im Hause Paulsen nannten meine Mutter 'Dai Shan', d.h. Große Tante, und eine liebe große Tante war sie in der Tat für sie alle. Aber auch ich selbst benutzte diesen Namen stets für sie. Sie war die Dai Shan, Mutter Paulsen aber die Mutter. Meine Mutter wiederum rief mich Gao Tai, d.h. kleines Hündchen (oder auch "Neun" und "Hund" - eine Glückszahl).. Vielleicht tat sie es, weil ich ihr so lange wie ein kleines Hündchen folgte und noch an ihrer Brust hing, als ich längst laufen gelernt hatte.

Obwohl Claire und Felix Paulsen fließend Kantonesisch sprachen, wurde im Haus selbst viel Deutsch gesprochen und von den Kindern im täglichen Umgang aufgeschnappt. Besonders blieben die Choräle und die vielen Volkslieder ihnen in Erinnerung, die angestimmt wurden, wenn sich abends der Hausherr an das kleine Harmonium setzte und zur Andacht spielte. "Oft blieben wir danach lange zusammen und sangen alte deutsche Weisen." Noch eins blieb in der Erinnerung der Kinder hängen: die Schrift Felix Paulsens, wenn er einen Brief nach Deutschland schrieb oder einen Bericht verfaßte - in der alten Sütterlinschrift, "die keiner von uns lesen konnte."

"Sehr lebendig erinnere ich mich an meine ältere Schwester Lagit. Da ich von Geburt an ein zartes Kind war, lernte ich später als andere Kinder laufen und spielen und selbständig sein. Viele Monate, ja Jahre hat mich Lagit in einem Tuch auf dem Rücken getragen, wie es damals in China üblich war. Erst als ich zur Schule kam, stand auch für sie der Weg für eine Schulbildung offen; so lange hatte sie für mich sorgen und aufkommen müssen. In der alten chinesischen Tradition war es sowieso für die Jungen wichtiger als für die Mädchen, zur Schule zu gehen und etwas zu lernen. Erst mit den Missionaren hatte sich diese Auffassung langsam verändert."

"Lagit trug als Mädchen natürlich Kleider, Röcke und Blusen. Da sich meine Eltern nicht viel teure Kinderkleidung leisten konnten, mußte ich Lagits Sachen nachtragen, d.h. ich mußte mit dem abgelegten Rock der Schwester losziehen. Aber das fiel im armen Süden Chinas damals nicht ins Gewicht - anders als heute, da würde ein Junge in Mädchenkleidung sicherlich gehänselt werden."

Als Leung zur Schule kam, war endlich für Lagit selbst der Weg in die Schule frei, und damit konnte sie die Grundlage für ihr späteres Leben legen. Bei Minna Nielsen, einer der Breklumer Missionarinnen, erhielt sie danach eine Ausbildung als Krankenschwester und Hebamme und arbeitete in einem der Missionskrankenhäuser. Sie hat erst spät geheiratet, adoptierte aber in ihrer Krankenschwesternzeit ein Mädchen von einer Frau, die schon viele Kinder zur Welt gebracht hatte und keine weitere Tochter haben wollte. So wurde Sin Yeng Lagits Tochter. Das war im alten China durchaus üblich: Es gab kinderlosen Frauen und Familien die Möglichkeit, als richtige Familie mit Kindern zu leben, und entlastete zugleich die Kinderreichen. Ein Stück gelebte Großfamilie, in der man alles teilen darf. - Als Lagit heiratete, ließ sie die Adoptivtochter Sin Yeng bei Leungs Mutter. "Obwohl sie zwanzig Jahre jünger als ich war, habe ich sie stets als meine Schwester angesehen."

Lagit lebt noch heute. Sie ist ein typisches Beispiel für die vielen Auslandschinesen. Mit der Ankunft der Kommunisten hatte sie sich nach Hongkong abgesetzt und dort lange Jahre gearbeitet. Schließlich war sie ihrer ältesten Tochter nach San Franzisko gefolgt und endlich 1995 zu ihrem Sohn und seiner Familie nach Sydney gezogen, wo sie ihren Lebensabend verbringt.

Mit sieben Jahren kam Leung Sin-Sang in die Missionsschule und sollte dort plötzlich Chinesisch schreiben und lesen lernen. Das fiel ihm gar nicht leicht, da er im Hause Paulsen fast mehr mit Deutsch als in seiner eigenen Sprache aufgewachsen war. "Ich hatte all die deutschen Bilderbücher in meinem Gedächtnis; so sehr hatte ich sie lieben und teils sogar auch lesen gelernt, daß mir meine eigene Sprache erst einmal ziemlich fremd war. "

Leung wurde in Pakhoi eingeschult, ging aber später in Namhong und Limchow zur Schule. Das lag daran, daß Paulsens mehrfach umgezogen sind. Die eigentliche Missionszentrale lag in Limchow, wo der Breklumer Missionar Oppermann ein schönes Haus gebaut hatte. Oppermann sammelte dort in der Anfangszeit junge Menschen um sich und ließ sie im großen Missionshaus leben, um ihnen eine bessere Ausbildung zuteil werden zu lassen. Einige von ihnen gingen später auf die deutsch-chinesische Missionsschule nach Kanton, unter anderem der Sohn von Lee Matai, einem chinesischen Lehrer, und ebenso dessen späterer Schwiegersohn, die beide Theologen wurden. Noch ein dritter Pastor ging aus dieser blühenden Jugendarbeit hervor, Jakob, der Sohn eines sehr armen Christen, der durch die Gemeinschaft im Missions-haus überhaupt den Weg zum Studium fand.

Wenn ein Missionar umzog, dann folgten normalerweise die Bediensteten - und bei den Paulsens natürlich auch die ganze große Adoptivfamilie. So wechselte Leung mehrfach die Schule;

stets waren es jedoch Missionsschulen, da Ausbildung für die ärmeren Bevölkerungsschichten zur damaligen Zeit fast ausschließlich in den Händen der Ausländer lag. Staatliche Schulen gab es so gut wie keine, und die wenigen waren meist den Reichen vorbehalten.

In Limchow gab es immerhin eine staatliche Oberschule, die Leung später besuchen konnte. Er wohnte in dieser Zeit weiterhin im Hause Paulsen. Als er gerade in die Oberschule gewechselt hatte, mit etwa gut zehn Jahren, erkrankte seine Mutter so sehr, daß es kaum noch Hoffnung für sie gab. Sie hatte einen schrecklichen Durchfall, was damals in China recht oft vorkam, und verfiel zusehends. Die Ärzte sprachen von akuter Cholera, die sehr ansteckend sein sollte. Sie mußte isoliert werden. Da die eigentliche Isolierstation aber bereits überfüllt war und sie sowieso sterbenskrank darniederlag, bettete man sie einfach in der Leichenhalle, wo gerade Platz war. "Mit Schmerzen erinnere ich einen Besuch dort," sagt Leung zurückblickend. "Als wir anschließend zu Hause zusammensaßen, beteten wir inbrünstig für meine Mutter. Ich gelobte im Stillen, daß, wenn sie wieder genesen würde, ich selbst ein Bote Gottes werden wollte." Täglich besuchte Leung seine Mutter im Krankenhaus und stellte mit großer Freude fest, daß nach seinem Gelöbnis die Mutter langsame, aber stetige Genesung fand, so daß sie schließlich wieder ihre Arbeit aufnehmen konnte. "Wie haben wir da gemeinsam den Herrn gelobt! Ich meinte damals, daß Mutter allein durch mein Gelübde gesundet sei. Erst später wurde mir deutlich, daß es auch der unermüdliche Einsatz der Ärzte gewesen ist, der unsere Mutter rettete.“

3. Kriegsjahre: Bürgerkrieg und Chinesisch-Japanischer Konflikt (1937-1945)

Wie weit der Süden Chinas von der Metropole Peking und dem politischen Geschehen in China entfernt war, wurde besonders in den Kriegsjahren deutlich. Während in anderen Teilen des Landes unvorstellbar hart der innerchinesische Bürgerkrieg und die Auseinandersetzung mit Japan tobte, blieb es in Limchow und Pakhoi bis auf einige Einzelereignisse relativ ruhig. Die Kämpfe blieben in Kanton hängen.

Leung erinnert sich, daß während er Mitte der dreißiger Jahre in Limchow die Oberschule besuchte, diese von den Japanern gebombt wurde. Sie stand in derselben Straße wie die Regierungsgebäude: erst kam die Schule, dann die Kirche und schließlich die Kreisverwaltung. Vermutlich hatten es die Japaner auf letztere abgesehen und trafen versehentlich die Schule.

"Die Kirche war völlig heil geblieben. Jedoch blockierten Trümmer der Schule die Straße vor der Kirche. So mußten wir sie in einer fröhlichen Aktion beiseite räumen, um wieder Zugang zur Kirche zu bekommen." An andere Kriegsereignisse in Limchow kann sich Leung nicht erinnern. Lediglich in Pakhoi gab es einen markanten Zwischenfall. Dort war eine Apotheke, die schon seit Jahren von einem Japaner geführt wurde, ein florierendes Geschäft. Eines Tages wurde der japanische Besitzer ermordet. Ob es einfach ein Raubüberfall war oder ein Racheakt gegen die japanischen Besatzer, die immerhin bis Kanton vorgedrungen waren und diese wichtigste Stadt im Süden Chinas für lange Zeit fest im Würgegriff hatten, ist nie ganz geklärt worden.

Wenigstens schickten die Japaner aus Kanton ein Kriegsschiff, das in den Hafen von Pakhoi einlief und ein gutes Bataillon Soldaten absetzte. Sie hielten die Stadt einige Wochen besetzt, ohne daß sie auf Widerstand stießen. "Wir hatten alle schreckliche Angst," gesteht Leung. "Vater Paulsen war in Limchow,

Minna Nielsen in Namhong; nur Paulsens Frau Claire und Meta Wendt waren in Pakhoi. Wir fragten uns, wie es ihnen ergehen würde. Aber bevor wir noch recht Kontakt mit ihnen aufnehmen konnten, waren die Japaner bereits wieder abgerückt - nicht aber ohne vorher ein Blutbad unter der Polizei und einigen chinesischen Soldaten anzurichten, die sie in Pakhoi gefunden hatten. Jeder sollte wissen, daß ein Übergriff auf Japaner schwer geahndet wird."

Zur gleichen Zeit wie der chinesisch-japanische Konflikt schwelte in China die Auseinandersetzung zwischen den Truppen Chiang Kai-Sheks, den Nationalchinesen, und der kommunistischen Armee Mao Zedongs weiter. Sie hatten während der ausländischen Bedrohung zwar eine Art Burgfrieden geschlossen, der aber an vielen Orten sehr schnell wieder zu offenen Kampfhandlungen aufflammen konnte. Als der Bürgerkrieg auch im Süden naherückte, befiel Paulsen eine große Unruhe. Letztlich trug er die Verantwortung für die große Familie mit all den Adoptivtöchtern. Deswegen beschloß er, die Kinder nach Hongkong in die Schule zu schicken, wo er sie sicherer wähnte. Auch Leung sollte mitgehen. "Vater Paulsen begleitete uns auf einem Frachter von Pakhoi nach Hongkong, wo wir im Haus Ebenezer der Blindenmission Zuflucht und Unterschlupf fanden. Schwester Sophia Moritz empfahl jedoch Vater Paulsen, daß es vielleicht sicherer für die Kinder eines deutschen Missionars sei, nach Macao zu gehen. So wurden die Schwestern dorthin gesandt, während ich in Hongkong zur Schule kam."

Die Ereignisse begannen, sich zu überschlagen. Das deutsche Konsulat in Pakhoi wurde geschlossen und nach Kanton verlegt. Überall wurde von einem ganz großen Krieg gemunkelt, einem neuen Weltkrieg; selbst im fernen China war davon zu hören. Paulsen rechnete bereits seit 1938 mit einer gewaltsamen Veränderung. Vielleicht hatte das ihn veranlaßt, Leung wieder zurück nach Pakhoi zu rufen. Aber das war leichter gesagt als getan, denn die Japaner hatten zu der Zeit schon weite Teile

Chinas besetzt. Die direkte Verbindung zwischen Hongkong und Pakhoi war unterbrochen. Daher mußte Leung den Umweg über die Insel Hainan machen und kam schließlich mit einem kleinen Küstenfrachter nach Pakhoi zurück zu den Paulsens. Um die Oberschule beenden zu können, mußte er allerdings noch einige Monate nach Limchow gehen.

In den Anfangsjahren des chinesisch-japanischen Krieges konnten die Breklumer Missionare noch unbehelligt weiter arbeiten. Leung erinnert sich, daß auf dem Missionshaus von Felix Paulsen ein riesiges Hakenkreuz aufgemalt war, um es vor etwaigen japanischen Bombenangriffen zu schützen. "Wir hatten außerdem eine überdimensionale Hakenkreuzfahne genäht, die wir bei Alarm auf dem Sportplatz der Schule ausbreiteten. Vater Paulsen wollte verhindern, daß noch einmal bei einem Angriff Missionsgebäude zerstört würden."

Mit den Veränderungen in Deutschland unter dem Naziregime Hitlers wurde auch das Leben für die Breklumer Missionare immer schwieriger. Bereits in Friedenszeiten hatten sie ihre eigenen Gärten und Felder beackert, Hühner und Schweine gezüchtet und eben eine kleine Landwirtschaft betrieben, um ihren Lebensunterhalt zu sichern. Als die Hilfsmittel aus Deutschland immer knapper wurden, mußten sie sich ganz auf eine eigene Versorgung einrichten. Minna Nielsen und die Paulsens verdingten sich daher an die öffentlichen Schulen und gaben dort Englischunterricht, um so eine kleine zusätzliche Einnahmequelle zu haben. Sie begannen, auf den Missionsstationen verschiedene Dinge herzustellen und zu basteln, die dann auf den Märkten verkauft wurden und ein kleines Beigeld einbrachten.

Paulsens waren in den dreißiger Jahren nur ein einziges Mal zu einem relativ kurzen Urlaub in Deutschland gewesen; die übrige Zeit verbrachten sie in China, auch die schrecklichen Jahre des Zweiten Weltkrieges. "Ich erinnere mich", sagt Leung, "daß Vater Paulsen wenig Anteil an dem ganzen Geschehen nahm, sondern sich auf seine Arbeit konzentrierte. Aber er konnte sich auch sichtbar über Erfolgs-Nachrichten für Deutschland vom Kriegsverlauf in Europa freuen; wenn denn überhaupt einmal solche Kunde bis in den Süden Chinas vordrang."

Viele Christen haben damals aus Furcht vor den Japanern, aber auch vor dem chinesischen Bürgerkrieg Pakhoi und Limchow verlassen. Sie wollten nicht mit Paulsen und den anderen Missionaren zusammengesehen werden, weil sie Repressalien von Seiten bestimmter Chinesen befürchteten. Nur wenige blieben den Breklumern auch in dieser schweren Zeit treu, Männer wie Lee Paulo und Lee Matai.

Seit 1941 war Paulsen mit den übrigen Breklumer Missionaren, Frauen und Männern, für knapp vier Jahre in Lok Cheung, nördlich von Kanton an der Grenze zu Hunan auf dem Gelände einer katholischen Kirche interniert. Der Missionar Bethke war noch direkt vor dem Kriegsausbruch nach Deutschland auf Urlaub gegangen und nicht wieder nach China zurückgekehrt. So blieb ihm die Internierung erspart. Die chinesische Regierung, die ja wegen der japanischen Invasion einen Burgfrieden zwischen Kommunisten und der Guomindang Chiang Kai-Sheks geschlossen hatte, begründete die Internierung der Deutschen damit, daß sie nicht mehr für die Sicherheit der Missionare im Süden des Landes garantieren könne. Paulsen genoß in dieser Zeit jedoch große Freiheiten, konnte sich im Stadtgebiet frei bewegen und durfte Deutschunterricht an der Universität von Lok Cheung erteilen. Die beiden Pflegekinder Fung Yan und Tsan Ying durften sogar Paulsens in die Internierung begleiten und ihnen dort zur Hand gehen.

In dieser Zeit wurde das Leben in Pakhoi und Limchow immer schwieriger. Die Ernten waren schlecht und wurden oft von den Militärs beschlagnahmt oder verwüstet, so daß nicht einmal genug Reis da war. Man versuchte, sich mit Mais und Süßkartoffeln am Leben zu halten. Hunger war das tägliche Brot.

Vor dem Ausbruch des Zweiten Weltkriegs hatten die Breklumer Missionare teilweise noch durch die Dänen und den Lutherischen Weltbund - wenn auch in sehr bescheidenem Maße - Unterstützung gefunden. Dieses hörte natürlich während des Krieges in Europa auf, so daß die Missionsleute in der Internierungszeit und unmittelbar davor ganz auf sich gestellt waren.

Erst nach dem Krieg, um 1947 herum, konnte der Lutherische Weltbund die Unterstützung der verwaisten Missionen im Süden Chinas wieder aufleben lassen. Damals kamen zwei Abgesandte aus Shanghai, Rev. Russel Nelson und Rev. Cornelsen, und machten eine Bestandaufnahme der Arbeit und der dazu erforderlichen Hilfe. Seitdem ging es den Missionaren wieder etwas besser.

Unmittelbar nach Kriegsende war es den Breklumer Missionaren gestattet worden, in ihr altes Missionsgebiet nach Pakhoi zurückzukehren. Jedoch war das Missionshaus beschlagnahmt und wurde vom chinesischen Militär als Lager für Sachen benutzt, die die Japaner auf der Insel Hainan bei der Kapitulation hatten zurücklassen müssen. Man munkelte, daß es sich hauptsächlich um Waffen und Munition handelte, sicher wußte es keiner.

Nur für Meta Wendt war ein kleiner Raum im Missionshaus selbst zum Leben übrig geblieben. Paulsens mußten vorübergehend im Haus der amerikanischen Pfingstmission Unterschlupf suchen. Deren Missionare waren noch nicht wieder aus den USA zurückgekehrt. Später zogen Paulsens auf die Station der Anglikaner um und fanden schließlich eine permanentere Bleibe in einem Gebäude der Missions-Grundschule. Die Schule hatte auch während der Kriegsjahre weiter existiert, geführt von der Tochter Lee Matais und deren Mann, Herrn Chan. Sie blieb auch jetzt eine wichtige Einrichtung der Mission.

Minna Nielsen konnte zurück nach Namhong gehen.

Da es durch den Krieg noch mehr Waisenkinder als sonst gab, machte sich Paulsen sofort daran, ein Waisenheim aufzubauen. Dabei unterstützte ihn Lu Dak, eine der Pflegetöchter.

Für China war mit dem Jahr 1945, der Kapitulation Japans, der Krieg nicht beendet. Der alte Konflikt zwischen Mao Zedong und seinen kommunistischen Truppen und den Nationalchinesen, dem Guomindang unter Chiang Kai-Shek, flammte nun in voller Stärke wieder auf. Beide Seiten versuchten, junge Männer aus den Dörfern und Städten ihres Einflußbereiches für ihre Armeen zu rekrutieren - lediglich Familien mit nur einem Sohn wurden von diesen Rekrutierungskommandos weitgehend verschont; ein Zu-geständnis an die alte chinesische Familientradition. Die Guomin-dang kämmte auf der Suche nach Drückebergern bisweilen ganze Ortschaften durch. Deswegen waren in vielen Familien nur noch Frauen und Kinder zurückgeblieben,die Männer im Krieg oder im Versteck. Väter kamen im Kampf um und ließen ihre Familien ohne Sicherung zurück. Verzweifelte Mütter setzten darum nicht selten ihre Kinder aus, besonders die Mädchen, da sie keine Zu-kunft für sie und sich selbst sahen.

Da Leung Sin-Sang der einzige Sohn der Familie war, blieb er von der Rekrutierung verschont. Er hatte in den Wirren der Kriegsjahre immerhin seine Schulbildung beenden können und war danach erst einmal in Limchow und Pakhoi geblieben und half, die Zeiten des Hungers zu überbrücken. Jeder mußte mit Hand anlegen, damit die kleinen Gärten oder Felder etwas einbrachten. Mit Erleichterung und Freude begrüßten sie bei Kriegsende die rückkehrenden Missionare. Diese versuchten, dort weiterzumachen und wieder anzuknüpfen, wo sie die Arbeit durch Internierung und Krieg aus der Hand legen mußten. Viele der weggezogenen Gemeindeglieder aber blieben in ihren Verstecken - jetzt nicht mehr aus Furcht vor den Repressalien der Chinesen oder den Bombardierungen der Japaner, sondern aus Angst vor dem immer schärfer werdenden innerchinesischen Konflikt.

Felix Paulsen ging es nach den Jahren der Entbehrungen und der Internierung gesundheitlich nicht gut. Deswegen nahm er 1947 ein Angebot der Adventisten dankbar an, sich eine Zeitlang in einem ihrer Sanatorien in Kanton zu erholen. Da Leung ebenfalls nach Kanton gehen sollte, um dort ein Studium aufzunehmen, schlug Paulsen vor, gemeinsam zu reisen. So konnte er zugleich mit Leung nach einem geeigneten Studienplatz für ihn Ausschau halten.

Wegen des Bürgerkriegs gab es keine normalen Schiffsverbindungen zwischen Pakhoi und den Zentren. Sie mußten sich einer kleinen Küstendschunke anvertrauen. Außer Leung war noch der Pastor Lee Paulo mit dabei, treuer Begleiter und Helfer Paulsens in der Missionsarbeit. Leung erinnert sich: "Wir kamen mit unserem kleinem Schifflein bis Anpu und versuchten, von dort mit einem Bus nach Zhanjiang weiterzukommen. Unterwegs aber gerieten wir in einen Trupp kommunistischer Freischärler. Sie überfielen uns und beraubten uns all unserer Habseligkeiten, auch unserer Oberkleidung, die wir auf dem Leibe trugen.

Mir war nichts geblieben als meine kleine Bibel, die sie in der Aufregung wohl nicht entdeckt hatten, und ein wenig Geld, das ich in der Unterhose verborgen hatte. Ähnlich ging es den anderen. Wir standen praktisch nackt da und waren ratlos, wie es weitergehen sollte. Es war schon ein Elendstroß, als wir unter den neugierigen Blicken der Passanten in die Stadt kamen. Was die wohl von uns dachten! Wir fragten uns in Zhanjiang nach christlichen Geschwistern durch und kamen zu einem amerikanischen Missionar einer Glaubensmission. Da er selbst kaum etwas auf dem Leibe hatte, verwies er uns an ein katholisches Waisenheim weiter, wo wir erst einmal eine warme Decke bekamen, die uns vor Kälte und Scham schützen konnte, und wo wir Quartier fanden. In der Zwischenzeit war es dem Amerikaner gelungen, etwas Geld aufzutreiben, das er uns am nächsten Tag als Vorschuß gab, nötigste Ausgaben zu tätigen und die Weiterreise mit einem Schiff nach Kanton zu finanzieren."

"Aber es sollte eine Reise mit vielen Hindernissen bleiben. Die See war in jenen Tagen sehr rauh, so daß wir nur schleppend vorankamen. Kurz vor Macao versagte plötzlich der kleine Dieselmotor, und wir begannen hilflos im Sturm zu treiben, der das Schiff wie eine Nußschale hin- und herschlug. Der Kapitän war ratlos wie wir alle und versuchte, uns auf das Schlimmste vorzubereiten: den eventuellen Untergang. "Betet", rief er, - "ich weiß auch nicht mehr weiter."

"Wir hatten längst seine Aufforderung aufgenommen und baten Gott um Bewahrung. In der Tat begann sich der Sturm zu legen, und das Meer wurde ruhiger, so daß wir uns sogar ein wenig schlafen legen konnten. Ich war voller Unruhe in dieser Nacht und begann Vater Paulsen von dem Gelübde zu erzählen, das ich während der Krankheit meiner Mutter abgelegt hatte. "Siehst du, Sin-Sang," entgegnete Paulsen gelassen, "wenn es Gottes Wille ist, daß du sein Bote wirst, dann wird er uns auch in dieser Nacht vor allem Schaden bewahren und uns sicher nach Kanton kommen lassen." Und so geschah es auch; am nächsten Morgen bekam die Mannschaft den Motor wieder klar, und wir konnten sicher nach Kanton tuckern." Felix Paulsen konnte endlich seinen dringend nötigen Erholungsurlaub antreten.

4. Leung als Theologiestudent

Leung sollte in Kanton das Grundstudium an der Hochschule aufnehmen. Dazu mußte er aber das Eintrittsexamen für die Universität ablegen. Immer noch zögerte er, was er denn eigentlich studieren solle. Er war nach Kanton aufgebrochen mit dem Wunsch, Medizin zu studieren, vielleicht auch ein Ingenieursstudium aufzunehmen. Und nun war er wieder mit der Frage konfrontiert, ob er sich nicht der Theologie zuwenden sollte. "Natürlich war ich Christ und wollte Christus nachfolgen; aber das sollte doch auch als Arzt oder Ingenieur möglich sein, dachte ich. So habe ich in diesen Tagen in Kanton viel in meiner kleinen Bibel gelesen, die mir bei dem Überfall geblieben war, und mich mit Freunden unterhalten, bei denen ich wohnte," bekennt Leung. „Am nächsten Sonntag ging ich in den Gottesdienst zu einem Pastor Lai. Es hieß, er sei ein guter Prediger. Er rief in seiner Predigt die Gemeinde sehr eindringlich zum Gehorsam auf, besonders wenn man sich innerlich zu etwas durchgerungen hatte oder gar ein Versprechen abgegeben hatte. Die Quintessenz war: Christen stehen zu ihrem Wort! Ich war schrecklich unruhig während der Predigt und auf dem Weg zurück zu meinem Quartier. Immer meinte ich, daß Pastor Lai nur mich angesehen und zu mir gesprochen habe. Ich war es doch, der ein Versprechen gegeben, aber nicht eingelöst hatte, und der immer noch am Zaudern und Zagen war! Ich glaubte mich durchschaut. Oder mußte Gott noch einen Anlauf mit mir machen?!"

Am nächsten Tag besuchte Leung seinen väterlichen Freund Felix Paulsen im Sanatorium und eröffnete ihm, wozu er sich entschlossen und durchgerungen hatte: Theologie zu studieren und Pastor zu werden.

"Wir sprachen lange miteinander und beteten inbrünstig über meinem Entschluß."

Der älteste Sohn Lee Matais aus Pakhoi und auch sein Schwiegersohn waren auf das Seminar in She-Kao bei Wuhan gegangen und hatten viel davon erzählt. So war es nicht verwunderlich, daß auch Leung dorthin strebte und Paulsen um ein Empfehlungsschreiben für dieses Seminar bat. Es war zwar noch weiter von Pakhoi entfernt als Kanton, dafür aber den Breklumer Missionaren wohlbekannt.

Leung zögerte nun nicht mehr lange, sondern machte sich umgehend mit der Bahn auf den Weg nach Wuhan. Wegen des Bürgerkrieges war jede Reise in China zur damaligen Zeit ein kleines Abenteuer. Wie froh war er deswegen, unerwartet im Zug einen ehemaligen Mitschüler zu treffen, der auch auf dem Weg nach Wuhan war und eine ähnliche Lebensgeschichte wie Leung zu erzählen hatte. Zu zweit konnten die beiden nun sehr viel getroster reisen und sich die langen Fahrtunterbrechungen durch ihre Erzählungen verkürzen.

Mit einer Riksha ließen sie sich schließlich in She-Kao angekommen vom Bahnhof zum Seminar bringen.

Das Seminar in Shek Kao war ein Gemeinschaftsunternehmen verschiedener lutherischer Missionen, der Norweger und Schweden und der Amerikaner. Mit über siebzig Studenten zählte es damals im Lande zu den größten theologischen Schulen. Die Lehrer waren fast ausschließlich Ausländer; geleitet wurde das Seminar von dem Amerikaner Dr. Carlberg. Die Studenten kamen aus allen Teilen Chinas, besonders aber aus dem Norden: aus Hunan, wo die Norweger arbeiteten und wo die Augustana Lutheraner aus den USA ihr Missionsgebiet hatten. Ebenfalls gab es dort Studierende aus der Mandschurei, dem Gebiet der dänischen und schwedischen Mission. Einige Studenten kamen aus Shantung; sie waren Anglikaner, aus einer amerikanischen Missionsarbeit hervorgegangen. Es war schon ein kleines Wunder, daß sich diese recht verschiedenen Gruppen auf ein gemeinsames Seminar hatten einigen können. Durch die unterschiedlichen Träger war die Schule relativ komfortabel ausgestattet: Jedem Studenten stand ein eigenes kleines Zimmer zur Verfügung; die Arbeitsmöglichkeiten waren ideal. Viele der Studenten waren bereits verheiratet und hatten bisher als Evangelisten oder Lehrer in Gemeinden gearbeitet. Alle kamen aus dem Mandarin - Sprachgebiet; Leung war der einzige Student aus dem kantonesischen Süden.

Kaum war Leung in Shek Kao angekommen, wurde er zum Präsidenten des Seminars bestellt und einer kritischen Prüfung unterzogen. Man wollte wissen, ob er genügend Vorkenntnisse für ein Theologiestudium mitbrachte. Eine besondere Schwierigkeit war für ihn die Sprache, das Mandarin, die allein im Unterricht verwendet wurde und die Leung nur bruchstückhaft beherrschte. Auch sein Englisch war in dieser Zeit nicht sonderlich gut. So fühlte er sich in diesen ersten Tagen und Wochen sehr einsam und überfordert; trotzdem war er dankbar, daß er überhaupt als einziger Kantonese Aufnahme am Seminar gefunden hatte.

Um überhaupt am Unterricht erfolgreich teilnehmen zu können, mußte Leung die Mittagsstunden und sämtliche Ruhepausen der anderen Studenten nutzen, um das nachzuarbeiten, was sie gerade behandelt hatten. Das hatte aber auch den Vorteil, daß sich Gehörtes bei ihm besser vertiefte als bei manch anderem Kommilitonen.

Leung kam aus dem subtropischen Süden, wo selbst in den Wintermonaten recht gemäßigte Temperaturen vorherrschen. Wuhan dagegen liegt wesentlich weiter nördlich, im Einzugbereich des Kontinentalklimas mit seinen hohen Temperaturschwankungen bis hin zum Schnee im Winter. Dafür war Leung aber kleidungsmäßig überhaupt nicht ausgerüstet und fror in den kalten Monaten erbärmlich. "Viel Zeit verbrachte ich deswegen in der Küche, wo es angenehm warm war - aber ein idealer Platz zum Studieren war es gerade nicht."

Mitte 1948 kam Paulsen anläßlich einer Sitzung in den Norden und besuchte Leung im Seminar. Der war froh, daß er endlich einmal jemandem sein Herz ausschütten konnte; von der Kälte erzählen, den Sprachschwierigkeiten und einer gewissen damit verbundenen Einsamkeit. Paulsen wollte es gar nicht recht glauben, denn während seines Besuchs mußte ihm Leung als Dolmetscher zur Seite stehen. "Sin-Sang," sagte er, "du sprichst Mandarin wie ein Han-Chinese; ich weiß gar nicht, was du hast.

Während des Theologiestudiums in Wuhan verlobte sich Leung mit Lu Dak, der Pflegetochter aus dem Hause Paulsen, mit der er von Jugend auf in besonderer Weise verbunden war. Schon während der Oberschulzeit hatten sie sich das Versprechen gegeben, einmal zu heiraten und damals schon Paulsens davon wissen lassen. Jetzt endlich wollten sie ihre Pläne in die Realität umsetzen.

Lu Dak hatte nach der Schulzeit eine Krankenschwesternausbildung absolviert und war wegen des Bürgerkrieges an ein Krankenhaus in das entlegene Chongqing gegangen. Im Sommer 1948 hatte sie dort ihre Stellung aufgegeben und war auf dem Wege nach Kanton, wo sie sich in einem Regierungshospital eine neue Arbeitsstätte gesucht hatte. Da es gerade Seminarferien waren, kam sie nach Wuhan und fuhr mit Leung gemeinsam nach Kanton weiter. Dort verbrachten sie einige unvergeßliche Tage bei Freunden. Diese kurze Zeit in Kanton, die gemeinsame Reise und das Miteinander dort, hatte beide noch einmal besonders zusammengeschmiedet und auf ihrem gemeinsamen Weg bestärkt. Sie wußten nicht, daß es das letzte Zusammentreffen für lange Zeit sein würde und nicht der Anfang eines gemeinsamen, sondern getrennter Wege sein würde.

Paulsen hatte in Pakhoi im Waisenheim wieder eine volle Krankenstation aufgebaut und brauchte dort dringend Hilfe. Deswegen wandte er sich an Lu Dak und rief sie aus Kanton in ihre Heimat zurück. So blieb die Kanton-Zeit für sie nur eine kurze Episode. Sie machte sich auf den Weg nach Süden und übernahm die Verantwortung für die Kranken im Waisenheim.

In jenen Monaten und Jahren war China allerorts voller Schreckensmeldungen vom Bürgerkrieg. Die Kommunisten prangerten

Leung mit Missionar Paulsen und seiner Verlobten Lu Dak 1948 in Kanton.

Altar und Taufe in der Kapelle auf dem Tao Fong Shan in Hongkong, neue Heimat des Theologischen Seminars.

die Brutalität der Guomintang an; die Nationalchinesen erzählten wahre Horrorgeschichten über die Kommunisten - und beide verbreiteten Angst und Schrecken und Unsicherheit.

Bereits im Laufe des Jahres 1947 war im Seminar von Shek-Kao der Donnerhall des Krieges hörbar gewesen; aber der Ort selbst blieb unbehelligt. Die Kommunisten waren unentwegt auf dem Vormarsch und trieben die Truppen Chiang Kai Sheks immer mehr in die Enge. Mao Zedong und seine Armee kamen als die Befreier Chinas. Sie wollten das Land von aller auslän-dischen Dominanz und der Herrschaft einiger Privilegierter erlösen. Ausländer wurden von den Kommunisten entweder aus-gewiesen oder gefangengenommen, um sie vor einem Volks-gericht öffentlich verurteilen zu lassen.

Durch diese Nachrichten beunruhigt, begann man am Seminar Vorkehrungen für einen Umzug nach Hongkong zu treffen. Am l.Dezember 1948 war es so weit. Die gesamte Einrichtung des Seminars, die Bibliothek und alles, was beweglich war, wurde auf sechs lange Güterzüge verladen und rollte auf manchen Umwegen von Wuhan nach Tsim Tsa Tsoi, der großen Bahnstation Hongkongs. Die Studenten waren natürlich mit dabei; nur einige wenige, die Familien hatten und eine Trennung scheuten, blieben zurück. Es war ein bewegendes Abschiednehmen. "Wir alle ahnten, daß ein Kapitel Geschichte, auch der Geschichte Gottes in China, rasant seinem Ende entgegen ging. Niemand wußte, wie die Zukunft aussehen könnte."

Vorerst herrschte nur Angst und Unsicherheit.Das Seminar fand eine neue Heimstatt auf dem Tao Fong Shan in den New Territories in Gebäuden, die einmal von der norwegischen Mission als Begegnungs- und Studienstätte für Buddhismus und Christentum gegründet und von dem Norwegischen Missionar Reichel ausgebaut worden war. Hier auf einem ruhig gelegenen Berg abseits all der Hektik der großen Stadt war Raum für die etwa sechzig Studenten und die Lehrer mit ihren Familien. Es reichte jedoch nicht für jeden einzelnen, und so mußten teilweise drei Männer das Bett im Schlafsaal teilen und in Schichten geschlafen werden."

Aber daran nahm damals von uns niemand Anstoß. Wir waren dankbar und froh, dem Krieg entflohen zu sein, dem Druck der Kommunisten. Wir wollten in Ruhe unser Studium weiterführen - wenn auch unter beengten äußeren Verhältnissen. Der Tao Fong Shan war uns wie eine Insel des Friedens inmitten der tobenden See." In Hongkong kam Leung eine besondere Rolle zu, war er doch plötzlich der einzige, der die kantonesische Sprache beherrschte. Weder seine Mitstudenten noch die ausländischen Lehrer konnten sich in der neuen Umwelt sprachlich verständigen. Deswegen wurde Leung gebeten, für alle einen Intensivkurs in Kantonesisch anzubieten, und mußte oftmals als Dolmetscher einspringen.

Das Wuhan-Seminar war nicht die einzige Institution, die in dieser Zeit aus dem zerfallenden China nach Hongkong übersiedelte. Die Stadt quoll förmlich von Flüchtlingen über, und alle hatten schreckliche Geschichten von Hunger und Verfolgung, von Gefängnis und Folter zu erzählen. In vielen Familien hatte der Bürgerkrieg tiefe Wunden hinterlassen; nicht selten standen sich Brüder auf den verschiedenen Seiten gegenüber, nicht weil sie verschiedener Auffassung waren und die Linie der Nationalchinesen oder der Kommunisten unterstützen wollten. Oft waren sie nur durch Zufall von verschiedenen Truppenteilen zu unterschiedlichen Zeiten rekrutiert und in den Kampf gezogen worden und standen sich so plötzlich als "Feinde" gegenüber - China war ein zerrissenes Land und sehnte sich nach einem Ende der Kampfhandlungen, nach Ruhe, Ordnung und Frieden.

5. 1949 - Das 'Jahr der Befreiung' und die Folgen

Im Mai 1949 kam Felix Paulsen zu einer Sitzung der Blindenmission nach Hongkong und besuchte dabei auch Leung Sin-Sang, sein Ziehkind und bis zu einem gewissen Grad Hoffnungsträger für den Fortbestand der Arbeit der Breklumer Mission im Süden Chinas. Hongkong wimmelte damals schon von Missionaren, die vor den Kommunisten in China geflohen waren. Es hieß, daß sie mit brutaler Härte gegen die Ausländer, besonders auch gegen die Missionen vorgingen. Die Kommunisten legten ihnen die unselige Verquickung mit den Kolonialherren und Peinigern Chinas im letzten Jahrhundert zur Last, was zum Teil den Tatsachen entsprach. Deswegen die Ausweisungen und Verurteilungen. Die Missionare selbst sahen ihre Rolle anders, mußten sich aber ehrlicherweise eingestehen, daß die Anschuldigungen der Kommunisten nicht ganz unbegründet waren.

Im Frühjahr 1949 war Meta Wendt nach fünfzig Jahren Missionsdienst im Süden Chinas in den wohlverdienten Ruhestand getreten und von Hongkong aus nach Deutschland zurückgekehrt. Nur Paulsens in Pakhoi und Minna Nielsen in Namhong waren noch im alten Breklumer Missionsgebiet zurückgeblieben. Besorgte Freunde rieten Felix Paulsen bei der Verabschiedung von Meta Wendt, in Hongkong zu bleiben und seine Frau und Missionarin Nielsen nachkommen zu lassen.

Paulsen wies dieses Ansinnen weit von sich. Er wollte bei den Christen im Süden Chinas sein, wenn Schweres über sie hereinbräche. Viele prophezeiten das aus den Erfahrungen, die sie selbst gemacht hatten, oder wie es aus Berichten anderer zu hören war. Paulsen meinte, daß die Kommunisten sicherlich zu differenzieren wußten, und konnte sich nicht vorstellen, daß er selbst gefährdet war. So kaufte er ein Flugticket nach Kanton und wollte von dort aus weiter in den Süden; genau wußte man damals nie, wie man von einem Ort zum anderen gelangte. Was heute noch möglich war, konnte morgen schon nicht mehr gehen. Diese Erfahrungen mußte auch Paulsen machen. Bereits der Flug nach Kanton fiel aus, denn die Stadt war von den Kommunisten überrannt worden und endgültig in ihre Hände übergegangen. Paulsen drängte, auf Umwegen nach Pakhoi zurückzukehren und trat den Rückreise mit einer Dschunke über die Insel Hainan an.

Er ließ Leung in arger Bedrängnis in Hongkong zurück. Dieser hatte sein Studium noch nicht abgeschlossen; aber aus der Heimat erreichten ihn dringende Rufe. Der Lehrer Lee Matai hatte ihm geschrieben und mit allem Nachdruck an ihn appelliert, nach Hause zu kommen, wo man dringend Mitarbeitende brauchte. Ein ähnlicher Ruf kam von dem Pastor Lee Paulo. "Jetzt benötigen wir Hilfe!" Aber die Lehrer im Seminar ermutigten Leung, in Hongkong zu bleiben und erst einmal sein Examen zu machen, bevor er sich in die Arbeit stürzte. Eine ähnliche Ermunterung erhielt er von seiner Verlobten, Lu Dak. Sie schrieb ihm, daß es besser sei, wenn er als fertiger Pastor nach Pakhoi zurückkehre, um dann mit ihr eine Familie zu gründen. Lu Dak ahnte nicht, daß dies ihre Trennung besiegeln würde. Die Ereignisse begannen sich zu überstürzen.

Die Guomintang geriet immer mehr unter den Druck der Kommunisten. Diese hatten die meisten Provinzen bereits erobert und überrannten immer schneller die Reste der Nationalchinesen. Chiang Kai Shek und seine Truppen zogen sich fluchtartig in den Süden auf die Insel Hainan zurück, von wo sie sich nach Taiwan absetzten. Meistens gaben sie kampflos ihre Stellungen auf, so daß die Kommunisten einfach nachrücken konnten. Bisweilen blieben allerdings kleine versprengte Gruppen in den Wäldern versteckt und fristeten ihr Leben als Freischärler. Gesetz und Ordnung waren in dieser Übergangsphase äußerst rar; überall gab es Terroristen und Banden. Daher waren die Menschen oft froh, wenn die Kommunisten eindeutig die Macht übernahmen und sehr schnell Ruhe und Ordnung herstellten. Vielerorts wurde es begrüßt, daß sie mit dem alten System von Unterdrückung und

Bestechung kurzen Prozeß machten. Selbst im Süden wuchsen die Hoffnungen auf einen schnellen Umschwung.

Im September 1949 war es dann so weit: die letzten Guomintang-Truppen hatten sich kampflos nach Taiwan abgesetzt. Die Kommunisten waren nun auch hier die Herren. Die eigentliche Tragweite dieser Veränderung wurde erst später deutlich. Während Leung gerade inmitten seiner Examensvorbereitungen in Hongkong stand, erreichte ihn ein Telegramm aus Pakhoi, daß sein Vater sehr krank sei und jederzeit mit seinem Ableben zu rechnen sei. Als Sohn hatte er nach chinesischer Sitte die Pflicht, sich unversehens auf den Weg zu machen. Dies war auch sein erster Gedanke. Er beriet sich aber mit den Mitstudenten und seinen Lehrern. Diese empfahlen ihm sehr eindringlich, erst sein Examen durchzuziehen und dieses nicht zu verschieben oder zu gefährden. "In einem Gottesdienst nahmen sie meine Not in die allgemeine Fürbitte hinein", erinnert Leung, "und beteten auch für meinen kranken Vater. Später erfuhr ich, daß er etwa zur selben Zeit wieder gesundete." So wurde auch diese Rückkehr Leungs in die Heimat durch die Umstände vereitelt. Er blieb in Hongkong zum Examen. Durch die Machtübernahme der Kommunisten im September 1949 im Süden Chinas war vorerst eine Rückkehr für Leung sowieso ausgeschlossen.

6. Unter kommunistischer Herrschaft

Das Leben im Süden Chinas änderte sich mit der Befreiung durch die Kommunisten vorerst wenig; die eigentlichen Reformen kamen später. Einige der Beamten verloren ihre Posten, manche waren geflohen oder hatten sich einfach abgesetzt und verbargen sich. Die in die Hände der Kommunisten geraten waren, landeten normalerweise im Gefängnis. Keiner wußte genau warum und wieso; sie wurden als Volksfeinde angeprangert, der Korruption beschuldigt, als Handlanger des Imperialismus verurteilt. Mit solchen und ähnlichen Parolen warben die Kommunisten für ihre Sache.

Mit der Machtübernahme der Kommunisten wurden auch die Landkarten verändert. Bisher hatte man im Süden die kantonesischen Namen und Bezeichnungen für Städte und Orte, Landschaften und Flüsse benutzt. Unter den neuen Herren wurden einheitlich die Mandarin-Namen in allen offiziellen Dokumenten verwandt. So wurde aus Pakhoi nun Beihai, aus Limchow wurde Hepu; kleinere Orte wie Namhong und San Ji San behielten aber meist ihre kantonesischen Namen.

"Ich hörte, daß im Laufe des Jahres 1950 auch Vater Paulsen verhaftet und ins Gefängnis geworfen wurde. Man beschuldigte ihn der Konspiration mit den westlichen Kolonialmächten und einer unsittlichen Lebensführung. Jeder, der Felix Paulsen kannte, wußte, wie unwahr diese Anschuldigungen waren; aber wir wurden nicht gefragt," erinnert Leung diese Zeit.

Paulsens Frau Claire konnte in Hepu bleiben; doch wurde sie unter Hausarrest gestellt und durfte das Kirchengrundstück nicht verlassen. Als Wohnung hatte man ihr ein kleines Büro über dem eigentlichen Kirchenraum überlassen. Praktisch durfte sie keine Kontakte mehr zur Bevölkerung pflegen.

Viele der alten Christen mieden den Umgang mit den Missionaren aus Angst vor Repressalien. Nur wenige hielten auch jetzt offen zu den Ausländern. Besonders war es eine Christin, die sich in rührender Weise um Frau Paulsen kümmerte.

Minna Nielsen durfte im Laufe des Jahres 1950 die Volksrepublik China verlassen und nach Deutschland zurückkehren. Der Abschied von Paulsens fiel ihr schwer, besonders aber das Loslassen ihrer geliebten Arbeit; andererseits war sie auch froh, dem Druck und der Behinderung durch die Kommunisten zu entgehen.

Für Leung war dies die Zeit der Examensvorbereitungen und des Examens selbst im Sommer 1951. Eigentlich wollte er unmittelbar danach in den Süden Chinas zurückkehren. Aber das war nicht mehr ohne weiteres möglich. Der Koreakrieg hatte die Fronten zwischen Ost und West erneut verhärtet. China war zur Unterstützung des kommunistischen Nordkoreas geeilt, während der Westen den Süden unterstützte. Auch auf die Grenze zwischen Hongkong und der Volksrepublik China wirkten sich die Spannungen aus. Leung konnte nicht in seine Heimat; aber auch seiner Verlobten Lu Dak war der Weg nach Hongkong versperrt. Aus Furcht vor Repressalien durch die kommunistischen Behörden konnten sie nicht einmal durch Briefe Kontakt halten. "Allein die Brücke des Gebets und das Warten waren uns geblieben," denkt Leung traurig an diese Zeit zurück. Ende 1951 durfte Claire Paulsen nach Hongkong ausreisen und fand Unterschlupf bei den Schwestern der Blindenmission im Haus Ebenezer. Sie hoffte, daß bald auch ihr Mann aus dem Gefängnis folgen würde; es gab mancherlei Anzeichen dafür. Aber nach sechs Monaten vergeblichen Wartens nahm sie endlich ein Schiff und fuhr allein zurück nach Deutschland. - Ihr Mann kam erst einige Monate später frei; gebrochen durch die lange Gefängniszeit und die zahllosen Verhöre. Er fühlte sich mitschuldig an den Fehlern der Mission in der Vergangenheit und klagte sich selbst an. Manches mag, wenn auch begrenzt, richtig gewesen sein; aber Paulsen sah plötzlich manches sehr viel kritischer als in seiner

Wirkenszeit in China. Das machte ihn später bisweilen zu einem unbequemen Diskussionspartner.

Mit der Ankunft von Felix Paulsen in Hongkong und seiner Rückreise nach Deutschland ging ein Kapitel Breklumer Missionsgeschichte in China zu Ende. Noch in Hongkong aber sah Paulsen schon neue Aufgaben der Mission: etwa die Sorge für die Flüchtlinge aus dem Süden Chinas, die in der Kronkolonie Zuflucht gefunden hatten. So wurde schon bei seiner Abreise der Keim eines neuen Pflänzleins geboren, das allerdings erst sehr viel später zum vollen Wachstum erblühen sollte.

Leung war eine Rückkehr in den Süden Chinas verwehrt. Deswegen mußte er sich in Hongkong selbst nach einer Aufgabe umsehen. Bereits während der Ausbildung hatten die Studenten Kontakte mit Gemeinden, an deren sonntäglichen Gottesdiensten und anderen Veranstaltungen sie aktiv teilnahmen. Darüber hatte Leung Kontakt zur amerikanischen Augustana Mission gefunden, die ihm jetzt freudig eine kleine Gemeinde in Sha Tin, in den New Territories anvertraute. Am Pfingstsonntag 1953 wurde Leung in einem feierlichen Gottesdienst in die Gemeinde eingeführt. Er erinnert sich noch sehr lebendig an diesen Tag: "Am Vormittag hatten wir einen großen Taufgottesdienst; nicht nur Kleinkinder, wie es in den alten Gemeinden des Westens üblich ist, sondern auch eine ganze Anzahl von neuen Christen, die sich zu dem Herrn bekehrt hatten. Am Nachmittag durfte ich ordiniert werden; eine ganze Anzahl von Freunden aus dem Seminar und aus dem Süden Chinas begleiteten mich. Es war schön, mit ihnen im Anschluß an den Gottesdienst bei einem Gemeindefest zusammen zu sein. Der Tag wurde beschlossen mit einem festlichen Konzert in unserer kleinen Kirche. Gott hatte mir eine erste große selbständige Aufgabe anvertraut."

Während Leung in dieser Gemeinde seine ersten Schritte tat, machte Felix Paulsen andere Pläne für ihn in Deutschland. Die große Frage für die Breklumer war, wie die Arbeit im Süden Chinas weitergehen könnte; und dabei fielen die Gedanken auf

Pastor Leung Sin-Sang. Paulsen überzeugte den Vorstand der Mission, daß es gut wäre, wenn Leung erst einmal für eine bestimmte Zeit nach Deutschland kommen könnte, um sich mit den Strukturen der Mission, der Sprache und dem Denken Breklums ein wenig mehr vertraut zu machen. Entsprechende Beschlüsse wurde im Laufe des Jahres 1953 gefaßt und Leung in einem Brief von Paulsen mitgeteilt.

Da die Gemeindearbeit Leung voll gefangen nahm, mußte er für die Vorbereitung des Deutschlandaufenthaltes davon weitgehend entlastet werden. So wurde er vorübergehend für ein knappes Jahr im Nebenamt Lehrer an einer lutherischen Bibelschule - mehr um einen Unterschlupf zu haben als dort wirklich als Lehrer zu fungieren - und konnte sich so für die künftige Herausforderung rüsten.

Im Februar 1955 trat Leung mit einem Frachtschiff die Reise von Hongkong nach Europa an. Das erste Ziel war Singapur und von dort weiter durch den Indischen Ozean und den Suez-Kanal Richtung Deutschland. Es waren nur sechs Passagiere an Bord - neben der Besatzung. Passagiere wurden als besondere Gäste angesehen und hatten das Privileg, am Tisch des Kapitäns ihre Mahlzeiten einzunehmen. Aber Leung erinnert sich, daß dies gar nicht so sehr als eine Ehre angesehen wurde. "Der Kapitän trank recht oft und konnte dann sehr ausfallend werden. Er war einfach nicht zu bremsen. Im Laufe der Wochen wurde das eher schlimmer als besser, vielleicht reagierten auch wir gereizter nach der langen Seefahrt. Im Suezkanal kam es dann zum Eklat. Der Kapitän war wieder einmal stark betrunken und begann, mehrere von uns Passagieren schwer zu beleidigen. Darauf weigerten sich die übrigen, weiterhin mit ihm den Tisch zu teilen. Mir tat er leid, so daß ich als einziger am Kapitänstisch verblieb zusammen mit den Offizieren."

In Port Said löste sich die Spannung ein wenig dadurch, daß mehrere Passagiere von Bord gingen. Leung selbst blieb bis Beirut auf dem Schiff. Dort erreichte ihn die Nachricht, daß er so schnell wie möglich nach Deutschland kommen möge. Die Breklumer Mission hatte für den Präsidenten Dr. Chandro Kondpan aus der indischen Jeypore-Kirche und für ihn in der St.Johannis-Kirche in Eppendorf einen Begrüßungsgottesdienst festgelegt. Nun sah es so aus, als wenn Leung zu der Zeit noch auf dem Schiff wäre. Deswegen wurde ihm telegrafiert, daß er von Beirut das nächste Flugzeug nach Deutschland nehmen sollte. Aber das war leichter gesagt als getan. Erst mit Hilfe einer judenchristlichen Familie gelang Leung der Papierkrieg, der Kauf eines Tickets und schließlich der Flug nach Hamburg.

Felix Paulsen holte ihn dort vom Flughafen ab. Es gab ein bewegtes Wiedersehn und Tränen der Freude. Leung war gespannt auf die Zeit im Heimatland der Reformation.

7. Zwei Jahre Deutschland

In Hamburg war Leung mit vielen anderen im Missionshaus in Othmarschen untergebracht. Neben den Paulsens, Pastor Feldhusen und den Henschens als eine Art Hauselternpaar war die große Villa noch voller Flüchtlinge, so daß für alle der Platz sehr begrenzt war. Leung wurde im Büro von Pastor Henschen einquartiert.

Sehr gut erinnert er sich an den feierlichen Begrüßungsgottesdienst kurz nach seiner Ankunft in St. Johannis in Eppendorf. Ausländische Besucher waren damals im Nachkriegsdeutschland noch rar; und so war die Kirche übervoll von erwartungsfrohen Breklumer Freunden und Gemeindegliedern." Ich sollte auch ein Grußwort an die Gemeinde richten; und obwohl ich es schriftlich vorbereitet hatte, war ich schrecklich aufgeregt. Deswegen habe ich am Ende auch einige unnötige Sprachfehler gemacht - aber die Leute haben mich unendlich freundlich begrüßt." Bei dem anschließenden Beisammensein wollten sie alle etwas über die Situation der Christen in China hören; aber da wußte Leung auch nicht viel mehr zu sagen als die Paulsens. Er war länger aus China fort als diese.

Bevor Leung für drei Semester an die Missionsakademie kam, durfte er einige Monate zum intensiven Sprachstudium nutzen. Er sah es als ein besonderes Geschenk an, daß er in der Akademie und der Universität den großen Vätern der Missionswissenschaft und anderen bekannten Professoren begegnete, namentlich dem Gründer der Akademie Prof. Dr. Walter Freytag, dann Bischof Dr. Heinrich Meyer aus Lübeck, den Professoren Goppelt und Hermelink und anderen. An der Akademie selbst genoß er die Gemeinschaft mit Studierenden aus anderen Ländern und aus Deutschland unter der Leitung des späteren Propstes Hermann Schröder und des Missionswissenschaftlers Dr. Herwig Wagner. Mit jedem dieser Namen verbindet Leung lebendige, gute Erinnerungen, besonders an die herzliche Aufnahme und Begleitung bei seinen Studien. "Die Professoren hatten damals noch Zeit für uns Studierende; wir waren wie eine große Familie." In dieser Zeit lebte Leung in einem kleinen Zimmer in den Alsterdorfer Anstalten. Leung war nie ein Mann der Wissenschaft, sondern eher der Praxis zugewandt. So blühte er erst vollends auf, als die Einladung von Direktor Dr. Pörksen kam, nach Breklum überzusiedeln, und von dort aus in der Schleswig-Holsteinischen Landeskirche landauf landab über die Arbeit der Mission in China und die Situation der Christen dort zu berichten. Durch seine offene, verbindliche Art eroberte sich Leung die Herzen der Missionsfestgemeinden und war überall gefragt und eingeladen. "Mehr als dreihundert mal habe ich in dieser Zeit in Gemeinden gedient," erinnert sich Leung, "von Nordschleswig bis Lauenburg und oft auch über die Grenzen Schleswig Holsteins und Hamburgs hinaus." Er hat dabei unzählige Freunde gewonnen und sie für die Mission in China begeistert. Immer aber stand am Ende die bange Frage, wie es dort einmal weitergehen sollte. Leung blickt auf diese Zeit zwischen 1955 und 1957 zurück in dem kurzen Satz: "Es waren schöne Jahre, ja; Gottes Segen war mit mir.“

Aber es waren auch schwere Zeiten, denn China war sehr weit entfernt. Hin und wieder erhielt Leung Nachrichten, die ihn in große Unruhe versetzten; Nachrichten über die politischen Entwicklungen oder aus der Familie. 1955 verstarb in Beihai, wie Pakhoi nun hieß, sein Vater, nur ein Jahr später seine Mutter - ohne daß er sie bei ihrem Sterben hätte begleiten können. Er fühlte sich getröstet und gehalten durch Mutter und Vater Paulsen, wie er sie noch immer nannte, die ihm oft Elternersatz gewesen sind. Mehr zufällig erreichte ihn über eine Tante aus Pakhoi 1956 die Nachricht, daß seine Verlobte Lu Dak einen Arzt aus Nanning, Dr. Teng, geheiratet habe. Zwar hatten sie in all den Jahren keinen Kontakt haben können aus Angst, daß dies Lu Dak schaden könne, und hatten sich sicherlich ein Stück weit auseinandergelebt. Dennoch traf es Leung tief, daß er auch dieses

Leung 1956 zu Besuch in Deutschland, im Gespräch mit Missionsdirektor Dr. Pörksen, Missionar Paulsen und dem indischen Bischof Chandro Kondpan.

Leung mit seiner Frau Ursula Puschke bei der standesamtlichen Trauung.

Stück "Heimat" nun verloren hatte. "So hatte ich meinen letzten Anker in China loslassen müssen."

Während dieser Zeit lernte Leung seine spätere Frau, Ursula Puschke, im Hause Paulsen kennen. Sie war kurze Zeit im Breklumer Krankenhaus in Behandlung gewesen und von dort zu Paulsens als Hausmädchen gekommen. Hier hatte sie neben ihren Pflichten im Haus immer wieder Leung beim Deutsch-Lernen geholfen, gerade in einer Zeit, als er sich recht hilflos fühlte.

Als deutlich wurde, daß sich Leung mit Ursula Puschke verloben wollte, äußerten manche ihrer Freunde erhebliche Vorbehalte, allen voran der Direktor Ahrens in Breklum, der Leung sehr ins Gewissen redete, lieber eine Chinesin als eine Deutsche zu heiraten. Auch Paulsens waren nicht sehr glücklich über diese Verbindung, haben sie dann aber tapfer mitgetragen - auch gegen manche offene Opposition anderer. Hilfreich für das junge Brautpaar war die Unterstützung, die es bei den Eltern Puschke erhielt, nicht in finanzieller Hinsicht, sondern in verständnisvoller Zuwendung und Ermutigung. Vielen schien es damals noch undenkbar, sich einer multikulturellen offenen Gesellschaft in unserer Welt heute zu stellen.

Am 31. März 1957 haben Leung Sin-Sang und Ursula Puschke in der Christus-Kirche in Othmarschen geheiratet. Pastor Lensch stellte die Trauung unter das Wort aus Galater 6,2 'Einer trage des anderen Last, so werdet ihr das Gesetz Christi erfüllen.' Nur eine kleine Hochzeitsgesellschaft war zusammengekommen, mehr konnten sich die Brautleute finanziell nicht leisten. Ein bißchen sahen sie dahinter allerdings auch die Reserviertheit oder gar Ablehnung, die manche Freunde gegen diese Verbindung dokumentieren wollten. Für Leung und seine Frau war es dennoch ein fröhlicher erinnerungsreicher Tag im Othmarschener Missionshaus mit den Eltern Puschke und Mutter und Vater Paulsen.

Aus dieser Ehe sind vier Kinder hervorgegangen, die ersten drei wurden in Malaysia geboren, die letzte in Hongkong - und damit zeichnet sich ein weiteres Kapitel im Leben Leungs ab. Alle

Kinder tragen den chinesischen Namen ‘Sam’, d.h. ‘Herz’: die älteste Tochter Sam Eu, 1957 geboren, (Herz-Liebe, also Herzlieb), dann die beiden Söhne Sam Dak (Herz- Tugend) und Sam Yee (nach meinem Herzen); und schließlich die in Hongkong geborene Tochter Sam Foon (herzliche Freude).

8. Als Missionar unter den Chinesen in Malaysia

Nachdem die Türen für die christlichen Missionen in China verschlossen waren, suchten viele nach neuen Betätigungsfeldern und stießen dabei auf die chinesischen Immigranten im gesamten südostasiatischen Raum. Presbyterianer und Anglikaner hatten die Möglichkeiten der Mission unter den Chinesen in Malaysia entdeckt; die Lutheraner der American Lutheran Church (ALC) folgten ihnen bereits 1953.

Eigentlich ist Malaysia ein muslimischer Staat, in dem der Islam de facto Staatsreligion ist. Das gilt besonders für die Malayen, die Hauptbevölkerung. Unter ihnen ist christliche Mission verboten. Anders steht es mit den zugewanderten Minoritäten, den Indern und den Chinesen, denen vom Staat ein gewisses Maß an Religionsfreiheit zugestanden wird. Auf sie also konzentriert sich daher jegliche christliche Mission in diesem Land.

Auf amerikanischer Seite drängte besonders der frühere China-Missionar Pastor Ansbach die Kirchenleitung der ALC und ihren Präsidenten Dr. Frey zu einer Ausweitung der Arbeit über die Grenzen Hongkongs hinweg zu den Chinesen in Singapur und Malaysia. Ansbach selbst gehörte ursprünglich der großen China-Mission an und kannte die Verflechtungen der chinesischen Familien, die über ganz Südost-Asien verstreut leben. Ansbach erinnerte sich auch früherer Mitstreiter in der Arbeit in China und schrieb sie um Unterstützung der neuen Arbeit an, unter anderem die Paulsens in Othmarschen.

Paulsens hatten zwar nicht Gold und Silber zu bieten, wohl aber kannten sie einen Menschen, der ein glühendes Herz für das Evangelium hatte: den Freund und Ziehsohn Leung Sin-Sang. Wer wäre geeigneter für diese Aufgabe gewesen als er; als Chinese unter Chinesen! Schnell war der Kontakt zwischen Leung und der amerikanischen Missionsleitung hergestellt und ein Vertrag unterzeichnet. So reiste Leung unmittelbar nach der

Hochzeit über London nach Malaysia aus - allein, denn auf dem Schiff war nur eine Reservierung gemacht worden. Nach drei Wochen erreichte er das neue Ziel: Kuala Lumpur. Seine Frau folgte im August desselben Jahres.

Leung arbeitete in Malaysia auf seinen Wunsch hin nicht mit einem europäischen Gehalt, sondern versuchte von einem chinesischen zu leben. Deswegen mußten seine Frau und er selbst von Anfang an haushalten lernen, was aber nicht ganz leicht war.

In Petaling Jaya, etwa l0 km nördlich von Kuala Lumpur, fanden sie in der Good Shepherd Church, der Kirche zum Guten Hirten, ihren ersten Arbeitsplatz unter etwas über hundert Gemeindegliedern, alles Chinesen. Der Gottesdienst wurde in chinesischer Sprache gehalten; daneben gab es einen englischen Gottesdienst für die Inder, den Leung gemeinsam mit dem amerikanischen Pastor John Nelson zu halten hatte.

Es gab viele Beschränkungen der Missionsarbeit in Malaysia. 1957 hatte der Staat unter Abdul Rachman, dem l. Premier, die Unabhängigkeit von den Engländern erzwungen. "Medeka" war das magische Wort - Unabhängigkeit! - und das galt auch für die Religion. Zwar hatten die Engländer noch erreicht, daß die Religionsfreiheit in der Verfassung verankert wurde - faktisch aber war es ein islamischer Staat. Eben dadurch waren ausländische Missionare in ihrer Arbeit äußerst beschränkt. Christliche Mission war wenn überhaupt nur unter den zugezogenen Indern und Chinesen möglich. Außerdem begrenzte der Staat Aufenthaltsvisa für Missionare auf höchstens zehn Jahre. Es sollte verhindert werden, daß Missionare durch einen längeren Aufenthalt im Lande die Sprache erlernen, die Menschen kennenlernen und durch ihr Beispiel gewinnen könnten.

Leung blieb mit seiner Familie vier Jahre an der Good Shepherd Gemeinde in Kuala Lumpur, in Petaling Jaya. Dann folgten sie einem Ruf der Mitarbeiterversammlung der Mission und zogen ins Obere Perak, weiter im Norden, um dort die Missionsarbeit aufzunehmen und zu begleiten. Sie lebten in dieser Zeit in sehr einfachen Verhältnissen, in eine Art Buschhaus in dem Dorf Selat Pagar, von wo aus Leung die Gemeinden in Grik und Lenggong sammelte.

Ober-Perak ist ein rein ländliches Gebiet; Leung waren dort offiziell zwölf Gemeinden unterstellt, die er als Distriktpropst begleitete. In den einzelnen Gemeinden direkt arbeiteten Evangelisten oder Älteste. Um der Arbeit willen mußten die Leungs in den nächsten vier Jahren mehrfach umziehen; sie lebten oft nur in gemieteten Dorfhäusern. Um zu den einzelnen Gemeinden zu gelangen, stellte die Mission Pastor Leung einen Dienstwagen zur Verfügung; "dies war das erste Mal, daß ich selbst ein Auto für meine Arbeit hatte," sagt Leung und schildert, wie abenteuerlich manche Besuche in den Dörfern auf wenig oder gar nicht befestigten Straßen waren. "Es war eine erfüllte Zeit!"

Zunehmend aber wurden die äußerst einfachen Lebensbedingungen zu einer Belastung für seine Frau mit den kleinen Kindern, die hier geboren waren. Sie sehnte sich nach den Möglichkeiten einer Stadt. Deswegen beschlossen sie, nach Ablauf ihrer ersten Arbeitsperiode in Malaysia nach Hongkong zu gehen - für Leung selbst eine Rückkehr, für seine Frau und Familie Aufbruch zu neuen unbekannten Ufern.

Schon vorher hatte es Kontakte zwischen Leung und Felix Paulsen gegeben, der von der Gründung einer Gemeinde für die Flüchtlinge aus dem Süden Chinas, besonders für die Lepraleidenden in Hongkong berichtete. Paulsen wollte gern, daß Leung diese Arbeit in Hongkong aufbaute. So trafen sich hier die persönlichen Lebensumstände der Leungs mit dem Ruf in die neue Aufgabe und ließen die Familie im Februar 1962 fröhlich nach Hongkong aufbrechen.

Die Lebensbedingungen in Hongkong stellten sich aber als noch wesentlich schwieriger für die Familie heraus als das Wohnen in einem Dorf in Malaysia. Hier in der Stadt gab es keine Nachbarschaftshilfe. "Wir waren auch nur wie eine der unzähligen armen Flüchtlingsfamilien, Wohnungssuchende, die am

Rande des Existenzminimums existieren mußten. Ich wußte, daß Gott immer für uns sorgen würde, und war deswegen weniger beunruhigt; aber für meine Frau war es doch eine enorme Belastung, nicht zu wissen, wovon wir am nächsten Tag satt werden sollten. Zudem fällt in diese Zeit die Geburt unseres vierten Kindes, der Tochter Sam Foon (herzliche Freude). So wurde unsere gemeinsame herzliche Freude viel öfter überschattet durch die ständige Sorge um das tägliche Brot."

Schwierig war, daß die Familie nicht sehr bald eine angemessene Wohnung finden konnte. Am Anfang lebten sie im Stadtteil Yin Long, in den New Territories, in äußerst beengten Verhältnissen. Schon nach wenigen Wochen zogen sie in ein kleines Dorf, Hong Choi Keung, wo sie etwas mehr Platz hatten. Aber dort wurden sie sehr schnell von den Mücken vertrieben, die durch sämtliche Fugen und Ritzen ins Haus drangen und das Leben zur Tortur machten. - Nächste Station war eine kleine Wohnung im zwölften Stock eines Hochhauses in Kowloon. Leung erinnert sich:"Stets waren wir vom Lärm der anderen Familien umgeben, dem Mahjong-Spiel, den Kindern und den lauten Familien - wie es eben in China zugeht. Unsere Kinder meinten: Papa, ist das hier eine Fabrik?"

Hinzu kam, daß die Arbeitsbedingungen in Hongkong äußerst schwierig waren. Zwar gab es viele Menschen aus dem Süden Chinas, auch gerade viele Lepraleidende, die auf Hilfe angewiesen waren und darum baten. Aber als Gemeinde hatten sie keinen Ort, an dem sie Zuflucht nehmen konnten. Sie brauchten ein Haus, Räume für Gottesdienst und Gebet, für gemeindliche Zusammenkünfte - einen Kristallisationspunkt. Leungs eigene Wohnung war viel zu klein, um auch nur einer Hausgemeinde als Sammelpunkt zu dienen; zudem sperrte sich seine Frau dagegen. So trafen sich Gemeindeglieder zu kleinen Gebetsgemeinschaften hier und dort in Häusern und Wohnungen und fühlten sich ein Stück weit wie das wandernde Gottesvolk - heimatlos.

Für Leungs Familie waren die Spannungen und Ungewißheiten zu groß. Deswegen wendete er sich erneut an die Missionsleitung in Malaysia und stellte sich dort für eine neue Dienstperiode zur Verfügung. Bereits im Oktober 1962 konnten sie in die Region Ober-Perak zurückkehren. Plötzlich kam ihnen dieses Gebiet gar nicht mehr so abweisend vor; sie lernten die Geborgenheit und Freundlichkeit der Dorfleute noch einmal mit ganz neuen Augen sehen und schätzen.

Dennoch fand es Leungs Frau mit den vier Kindern zunehmend schwierig, die einfachen Lebensbedingungen Tag für Tag zu meistern. Sie begann sich nach dem geordneten Leben in Deutschland zu sehnen. Leung dagegen konnte in seiner fröhlichen Unbekümmertheit und seinem tiefen Vertrauen auf Gottes tägliche Hilfe und Schutz die Schwierigkeiten seiner Frau nur schwer einschätzen und verstehen.

Ihre Zeit in der Mission in Malaysia ging dem Ende entgegen - das Zehn-Jahres-Visum war eine drohende Realität für jeden Ausländer in diesem islamischen Land, auch für einen Hongkong-Chinesen. Daher blieb auch diese erneute Arbeit im Ober-Perak nur ein Intermezzo; sie mußten nach einer dauernden Aufgabe und Bleibe Ausschau halten.

Für Leung boten sich verschiedene Möglichkeiten: ein Ruf an eine Bibelschule auf Sumatra nach Indonesien, der Weg zurück nach Hongkong oder gar in seine eigentliche Heimat, das südliche China. Nach langem Ringen hatte er Gewißheit, daß er nach Hongkong gehöre. Je mehr er darüber nachdachte und davon sprach, um so unzugänglicher wurde seine Frau; sie wollte zurück nach Deutschland. Das blieb auch anderen nicht verborgen, den Missionsgeschwistern in Malaysia nicht und ebensowenig den Paulsens in Deutschland. Am 31. Januar 1971 schrieb der amtierende Präsident der Lutherischen Kirche von Malaysia Singapore, Pastor Loke Hong San, einen Brief an die Familie Leung und riet ihnen zu einer Trennung.

Leung sagt dazu: "Sicherlich war auch uns selbst dieser Gedanke in den Sinn gekommen; aber wir hatten es immer wieder verdrängt. Trennung konnte doch nicht Gottes Weg für uns sein." Es bot sich noch eine Möglichkeit an, nach Australien zu gehen und dort in Sydney unter den Chinesen eine Arbeit in der lutherischen Kirche zu übernehmen. Aber auch dafür war meine Frau nicht mehr offen. Sie war in den letzten Jahren immer launischer geworden; besonders auch in der Ablehnung mancher Menschen. Schon früher hatte ich schmerzlich wahrgenommen, daß sie manchen Menschen schnell und sehr warm nahestand - etwa Vater Paulsen; genauso vehement konnte sie aber andere ablehnen und einfach abschreiben - zu ihnen zählten Mutter Paulsen und auch Minna Nielsen. Manchmal fragte ich mich, ob sie das tat, weil gerade diese Frauen ihr vorgelebt hatten, was von einer Missionarsfrau damals erwartet wurde.

Den Brief mit dem Angebot nach Sydney hat meine Frau einfach unterschlagen; so sehr war ihr Wunsch nach Deutschland zurückzukehren in ihrem Herzen festgeschrieben.“

So stand am Ende der Arbeit in Malaysia die Trennung der Leungs. Seine Frau kehrte Anfang 1971 mit den Kindern von Kuala Lumpur aus nach Deutschland zurück; Leung wurde vom Präsidenten der Mission in Malaysia, Pastor Carl Fisher, nach Hongkong verabschiedet. Sollten am Ende die Recht behalten, die eine Vereinigung von Ost und West, von Europäerin und Asiaten nicht für möglich hielten?

9. Zurück in Hongkong - Lepraarbeit auf der Insel Hei Ling Chao

"Plötzlich war ich wieder zurück in Hongkong - allein, ohne meine Familie - als Hirte für die Lepraleidenden und Pastor der Philip Haus Gemeinde", faßt Leung diesen neuen Lebensabschnitt kurz zusammen.

Das lutherische Philip Haus hat in den Gedanken und Gebeten von Menschen viel länger existiert, als es denn wirklich greifbar ist. Als Felix Paulsen China verlassen mußte und erlebte, wie viele der Christen aus dem Süden Chinas in Hongkong Zuflucht suchten, war es für ihn klar, daß die Breklumer Mission eine Anlaufstelle in Hongkong für diese Menschen benötigte. Er gründete den China-Gebetsbund, um Menschen und Mittel für ein solches Unternehmen zu finden.

Zuerst traf man sich in Wohnungen, in Nachbarschaften - ein paar Leute kamen zu einem Hausgottesdienst zusammen. Dies war die Situation, als Leung 1962 zum ersten Mal wieder nach Hongkong zurückkehrte. Er hatte damals bewußt diese Kreise gesammelt und sie als Hausgemeinden ermutigt und betreut. Es sollte eine lutherische Gemeinde sein; das stand von Anfang an fest.

Als Leung 1962 aber schon nach zehn Monaten die Stadt wieder verließ, legte er die gerade angefangene Arbeit in die Hände von Pastor Leung Ming, der später zur Rhenish Lutheran Church überwechselte. Dessen Nachfolger wurde Pastor Stephen Han. Zu seiner Zeit wurde mit dem Kauf zweier angrenzender Wohnungen im zweiten Stock der Fuk Lo Tsuen Straße in unmittelbarer Nähe zum geschäftigen Flughafen Kai Tak der Grundstock für die Lutheran Philip House Church (LPHC) - wie die Gemeinde offiziell heißt - gelegt. Das Haus liegt direkt in der Einflugschneise des Flughafens. Im Minutentakt streichen die schweren Jumbos aus aller Welt mit ohrenbetäubendem Lärm oft nur

Leung vor dem Lutheran Philip Haus in der Fuk Lo Tsuen Straße.

Auf der Fuk Lo Tsuen Straße tobt das typische Hongkonger Leben: Geschäfte - Autos - Reklame - Menschen.

wenige Meter über das Dach auf die Landepiste zu. Vielleicht war das der Grund, weswegen der Vorbesitzer das Anwesen zu einem relativ günstigen Preis abgeben wollte. Vielleicht mißfiel ihm auch die Nachbarschaft: Geschäfte und ein kleines Privatbordell, also nicht gerade eine ideale Wohngegend, schon gar nicht für eine Christengemeinde - oder gerade doch?

Man brach die Verbindungs- und Trennwände der beiden Wohnungen heraus und schuf einen großen Raum. Während des Tages konnte er als Kindertagesstätte genutzt werden und abends bzw. an den Wochenenden der Gemeinde als Zentrum und Kirche dienen. Eine kleine Einliegerwohnung wurde für Frau Li ausgegrenzt, die Witwe des Predigers Li aus Südchina, die den Hausmutterposten übernahm. Ebenfalls war Leungs Schwester Lagit nach Hongkong gekommen und wurde eine der ersten Kindergärtnerinnen im Philip Haus.

Als Vorsitzender des China Gebetbundes hatte Felix Paulsen der Gemeinde für den Kauf der Wohnungen DM 60000.- zur Verfügung stellen können; weitere HK $ 60000.- mußte die kleine Gemeinde allerdings von der Bank aufnehmen und dafür relativ hohe Zinsen zahlen. Das hat sie in den ersten Jahren ihrer Existenz stark belastet, zugleich aber auch enorm angespornt. Sie hatte neben der Evangelisation eine Aufgabe, und wenn es auch nur die Schuldentilgung und damit die Sicherung der eigenen Existenz war. Sie ist damit schneller fertig geworden, als sie es selbst erwartet hatte. "Wir sahen darin immer wieder eine Erhörung unserer Gebete und dankten Gott für jede Spende zugunsten des Hauskaufes", erinnert sich Leung. Die Arbeit in der Kindertagesstätte weitete sich enorm schnell aus. So sah es Leung als einen Fingerzeig Gottes an, daß die deutsche Kindernothilfe sich mit an der Finanzierung beteiligen wollte.

Dennoch blieb die Belastung der Gemeinde in den Anfangsjahren sehr groß; aber gerade das hat sie letztlich gestärkt und zu ihrem raschen Wachstum beigetragen.

Das Philip Haus war - vom ersten Planen an - eine Zufluchts- und Sammlungsstätte für die Flüchtlinge aus dem Süden Chinas. Ganz speziell fanden in ihr Leprakranke Aufnahme und Fürsorge. Auch bereits in China waren es die christlichen Gemeinden, die den an dieser unheimlichen und damals unheilbaren Krankheit leidenden Menschen eine Heimat gaben.

Zu Ehren des Gründers und Förderers Felix Paulsen sollte die Gemeinde nach ihm benannt werden, was er aber vehement ablehnte. So kam man auf den Namen Philip Haus, wobei im Chinesischen die Namen Philip und Felix sehr ähnlich ausgesprochen werden. Sehr viel mehr aber hatte Leung inhaltlich über den Namen Philip nachgedacht. Er dachte dabei besonders an den Apostel Philippus, einen der Zwölf, der zwar wie die meisten Apostel im Neuen Testament eine eher schemenhafte Figur blieb, aber doch als besonderes Vorbild galt. Der Legende nach starb er im Alter von 87 Jahren in Phrygien den Märtyrertod. Ein anderer Anklang besteht zu dem griechischen Wort philein, lieben; das Haus soll eine Stätte der Liebe sein. Konkret wies Leung immer wieder im Zusammenhang mit dem Namen des Philip Hauses auf verschiedene Bibelstellen hin, einmal auf Hiob 7, 1-7, - dienen oder l. Kor. 9, 16-23, - das Evangelium predigen und schließlich Markus l, 29-39, - Kranken helfen und Geister austreiben. Von all dem soll etwas im Philip Haus in der Fuk Lo Tsuen Straße sichtbar werden.

Später, in den achtziger Jahren, kamen verschiedene Filialgemeinden hinzu, jeweils durch eine Kindertagesstätte getragen.

Als Leung 1971 nach Hongkong zurückkehrte, stand jedoch nicht das Philip Haus im Zentrum seiner Aufgaben, sondern die Lepra-Arbeit auf der Insel Hei Ling Chao. Hier hatte die Regierung von Hongkong unter Mitwirkung der Kirchen auf einer einsamen vorgelagerten Insel eine große Lepra-Kolonie gegründet, auf der die Lepraleidenden Zuflucht finden konnten, behandelt werden und eventuell auch wieder in das gesellschaftliche Leben reintegriert werden sollten. Staat und Kirchen stellten in Hongkong für

Die klassische Silhouette von der Hongkong Insel mit dem Victoria Peak und den Wolkenkratzern davor.

Auch das ist Hongkong: Sonnenuntergang über der Lepra-Insel Hei Ling Chao.

diese Arbeit erhebliche Mittel zur Verfügung; davon wurde auch der Pastor Leung Sin-Sang besoldet. Nur in seiner freien Zeit konnte er sich zunächst zusammen mit Pastor Stephen Han um die Philip Haus Gemeinde kümmern. Pastor Han war damals dort noch die tragende Kraft. Er mußte jedoch diese Arbeit aufgeben und sich eine neue Beschäftigung suchen, da das Philip Haus wegen der fortbestehenden Schuldentilgung seinen Unterhalt nicht länger aufbringen konnte. Andererseits mußte auch der China-Gebetbund die regelmäßige Unterstützung aus eigener Finanzknappheit einstellen. Leung hatte ein bescheidenes Einkommen, monatlich HK $ 1200.- aus seiner Lepraarbeit. Dies war wenig mehr als der Sozialhilfesatz, aber wie immer: Es genügte ihm. Nie hat Leung nach einer angemessenen Besoldung gefragt, sondern war mit dem zufrieden, was er bekam - und merkwürdigerweise hat es ihm stets zum Leben gereicht, ja er hatte immer noch etwas für andere übrig. Er konnte schenken, selbst wenn es sein letztes Hemd war, und freute sich, wenn er anderen Freude bereitete. "Gott hat mich immer wieder reichlich gesegnet und mir die Fülle gegeben", stellt Leung fest; in der Tat hatte er immer wieder Freunde, die ihm halfen. Vorerst noch nebenbei übernahm er doch die volle Verantwortung für die Gemeinde. Hauptaufgabe blieb die Arbeit unter den Leprakranken auf Hei Ling Chao. Auf dieser Insel hatte man sie wie in einem Ghetto zusammengezogen; sie lebten gewissermaßen in einem Goldenen Käfig. An und für sich ist Hei Ling Chao ein Kleinod vor dem chinesischen Festland: es könnte ein Ferienparadies sein für reiche Hongkongchinesen. Aber jetzt diente es als Zufluchtsstätte für jene Menschen, die keinen Platz mehr in der Gesellschaft fanden. Die Gesunden fürchteten sich vor ihnen, mieden den Umgang mit ihnen, verbannten sie aus ihrem Lebenskreis.

Man hatte Angst, daß man durch den Kontakt mit den Leprösen selbst von der unheimlichen Krankheit befallen werden könnte.

Auch die Leprakranken selbst sonderten sich ab. Wenn einer die ersten Anzeichen dieser Krankheit an sich entdeckte, schwarze

Flecken auf der Haut, ein paar schmerzunempfindliche Stellen, die früher wehgetan hatten, dann fingen sie an, sich zu verbergen. Ängstlich wurden die dunklen Flecken bedeckt, sie hüllten sich in dumpfes Schweigen. Erst wenn die Sekundärmerkmale sichtbar wurden, verstümmelte Gliedmaßen und Mißbildungen, oder die Krankheit weit vorangeschritten und nicht mehr zu verbergen war, erst dann wurden die meisten zu einem Arzt gebracht - und zu diesem Zeitpunkt war eine effektive Anfangsversorgung bereits unmöglich.

Verwandte und Freunde wandten sich von den Kranken ab; am Ende blieb für die so Ausgestoßenen, die Aussätzigen, nur der Weg nach Hei Ling Chao. Hier fanden sie Geborgenheit und Akzeptanz unter ihresgleichen. Hier starrte ihnen keiner mehr hinterher, keine neckenden Kinder, keine scheu sich abwendenden Freunde. Hier waren sie allein unter anderen Alleingelassenen.

Viele von ihnen konnten noch ein bißchen Landwirtschaft betreiben; andere, deren Gliedmaßen bereits abgefault oder völlig verstümmelt waren, mußten den ganzen Tag herumsitzen und sich von der geringen Sozialhilfe der Regierung durchschlagen.

Hauptaufgabe für einen Pastor war hier, Einsame zu trösten, Kranke zu pflegen, Verzweifelten zu helfen. Es war eine dankbare Gemeinde Jesu - sie wußten die hoffnungsspendende Gemeinschaft in den morgendlichen Andachten, den Gottesdiensten oder abendlichen Zusammenkünften zu schätzen. Stets hatten sie Zeit für Gottesdienst und Anbetung - ein Leben fast wie im Kloster. Aber dies alles forderte von einem Pastor auch Engagement rund um die Uhr. Wer den ganzen Tag nutzlos verbringen muß und in der Sonne vor sich hindöst, dem beginnt nachts die Decke auf den Kopf zu fallen, Depressionen plagen, Selbstmordgedanken verdüstern das Sinnen. Und immer wieder ist der Pastor gefragt.

Leung hat sich dieser großen Aufgabe mit aller Liebe und Hingabe gestellt. Er war nicht nur Pastor, sondern Vater und

Fürsorger für die Kranken zugleich. Er packte mit an, wenn einer Hilfe brauchte, ob auf dem Felde oder im Haus, in der Krankenstube oder bei einer "Plastikoperation", mit der die Ärzte versuchten, entstellte Gesichter oder funktionsunfähige Glieder ansehnlich zu machen. Er war da zu den Andachten, Gottesdiensten oder den unzähligen Seelsorgegesprächen, den kleinen Gebetskreisen und Gesprächsgruppen. Sehr viel später hat die Regierung die Verdienste des "modernen Franziskus" geadelt und ihn in der Geburtstagsliste der Königin von England zu einem Ritter des Britischen Empire ernennen lassen. Leung nahm die Auszeichnung in all seiner Bescheidenheit dankbar an - für seine Kranken und nicht für sich selbst.

Zwischen 1971 und 1975 lebte Leung auf der Leprainsel Hei Ling Chao. An den Sonntagnachmittagen setzte er mit dem Boot nach Kowloon über, um die Gottesdienste im Philip Haus zu halten oder in einer der kleinen Hausgemeinden Menschen zu sammeln.

In den ersten Monaten seines Aufenthaltes in der alten Heimat fühlte er besonders die Trennung von seiner Familie und litt selbst unter manchen Einsamkeiten. Schmerzlich erinnert er sich an sein erstes Weihnachten in der großen Stadt 1971: „Ich denke mit großer Traurigkeit an dieses Fest zurück. Wir hatten viele Weihnachtsfeiern in der Gemeinde, bei den Lepraleidenden und mit Freunden. Am Ende aber war ich in der Heiligen Nacht ganz allein, ohne die Familie, ohne die Kinder. Ich hörte Stücke aus der Johannespassion von Bach, die ich als Schallplatte geschenkt bekommen hatte. ‘Wo soll ich hin?’ heißt es da. Und so stand auch mein Sinn: Mich bewegte die Frage, wo ich hingehörte: zur Familie nach Deutschland oder zu den Freunden auf Hei Ling Chao und Hongkong? Im betenden Nachsinnen wurde mir am Ende deutlich, daß Gott mir den Platz in Hongkong bestimmt hatte.“

10. Die Arbeit im Philip Haus in Hongkong - die Kindertagesstätten

Die Arbeit unter den Leprösen auf Hei Ling Chao ging langsam ihrem Ende entgegen. Ursächlich hing das mit der Entdeckung neuer Medikamente zusammen, mit denen man der Lepra zu Leibe rücken konnte. Die Krankheit wurde nicht heilbar, aber sie konnte zum Stillstand gebracht werden. Und damit konnte man die schrecklichen Sekundärerscheinungen, die Verkrüppelung oder das Wegfaulen der Gliedmaßen unterbinden. Durch die neuen Medikamente nahmen die akuten Leprafälle rapide ab. Auch viele der Bewohner Hei Ling Chaos konnten in das Stadtleben reintegriert werden. Einige starben wegen ihres hohen Alters. Neue Patienten kamen nicht hinzu, so daß die Zahl der Bewohner rasant abnahm. Daher beschloß die Regierung 1975, Hei Ling Chao als Leprakolonie aufzulösen; die letzten Patienten wurden in ein Krankenhaus nach Kowloon verlegt. Die herrliche Anlage in Hei Ling Chao wurde in ein Erziehungsgefängnis für Drogenabhängige, besonders Jugendliche, umgewandelt. Damit war für Leung der Verbleib auf der Insel nicht länger notwendig. Etwa zur gleichen Zeit räumte Pastor Han seine Wohnung in der Minden Avenue, in unmittelbarer Nachbarschaft zur Star Ferry, dem Herzen Kowloons. Sie war als Dienstwohnung für das Philip Haus gekauft worden. Pastor Han ging zu seiner Familie nach Singapur zurück. Das Philip Haus brauchte nun Leungs ganze Kraft und bot ihm zugleich eine Wohnung. Wieder sah er darin einen Fingerzeig Gottes: Er war frei, die Aufgabe voll zu übernehmen.

Der Wechsel von Hei Ling Chao in das Herz von Kowloon war gewaltig. Dort die vom Meer umspülte Einsamkeit, viel Wald, Felsen, ja schöne Badestrände - hier nur wogendes Leben in unmittelbarer Nähe zur geschäftigen Nathan Road, der größten Geschäftstraße Hongkongs. Um die Minden Avenue herum leben

Leung an seiner alten chinesischen Schreibmaschine:
Es ist eine Philosophie für sich.

Leung beim Einkauf in einem der typischen Straßenläden.

die indischen Immigranten, Händler vornehmlich; aber es gab auch kleine Restaurants, Imbißbuden bis hin zu einem Stück Nachtleben. Es ist ein Häusermeer, man kann vor Beton kaum den Himmel sehen. Trotzdem war Leungs neues Domizil geradezu königlich: vier Zimmer, Küche und Bad - und das Ganze nach hinten hinaus, also weg vom Lärm der Straße. Morgens wurde er geweckt vom Geschilpe der Spatzen, die frech auf dem Balkon um ein paar Speisereste stritten. Und doch war es Gefängnis zugleich - wie alle Wohnungen Hongkongs: vergittert und teils doppelt gegen Einbrecher gesichert. In den Augen der Einbrecher mußten in einer so großen Wohnung Reichtümer verborgen sein. Leung erinnert sich wie er einmal nachts aus dem Schlaf gerissen wurde, als ein Einbrecher bereits erschreckend weit die Gitter durchbrochen hatte und fast schon in der Wohnung war. Da er auch bewaffnet war, wäre es bestimmt gefährlich für Leung geworden. "Ich habe schrecklich geschrien und geschimpft und ihn wohl damit in die Flucht geschlagen. Ich habe nur gestaunt, wie schnell er über Leitern und Balkons aus dem dritten Stock wieder auf der festen Erde und verschwunden war."

Noch einmal versuchte Leung, seine Familie nach Hongkong einzuladen; jetzt hätten sie genug Raum gehabt. Aber seine Frau wollte nicht mehr. Nur seine Kinder sind in den folgenden Jahren hin und wieder einmal nach Hongkong gekommen, um den Vater zu besuchen und so ein Stück ihrer Wurzeln kennenzulernen. Vergeblich machte Leung wieder und wieder Versuche, den Kontakt mit seiner Familie aufrechtzuerhalten. Es gelang nicht. Seine Frau ließ schließlich alle Post aus Hongkong unbeantwortet. Leung weiß, daß auch für sie und die Kinder die Zeit in Deutschland anfangs sehr schwer war. Er konnte ihnen nur wenig Unterstützung geben, da er selbst kein regelmäßiges Einkommen hatte. Das wenige, was er erhielt, reichte kaum zum Leben für ihn selbst.

Daher war Leung nicht sehr verwundert, als seine Frau ihm bei seinem Besuch in Deutschland 1976 eröffnete, daß sie die Scheidung eingereicht habe, und eine Verhandlung unmittelbar bevorstand.

Wegen der vielen Jahre, die die Familie getrennt gelebt hatte, fiel es dem deutschen Familiengericht nicht schwer, die Scheidung auszusprechen. Leung hat diese Trennung und Scheidung nie recht verwunden. Verstandesmäßig muß er zugeben, daß es eine sinnvolle Lösung war; aber sein Herz wollte die Familie festhalten - und konnte es doch nicht.

Dennoch ist er stolz darauf, daß seine Kinder auch unter diesen schwierigen Bedingungen ihren Lebensweg gefunden haben. Er weiß auch seine Frau versorgt, die gemeinsam mit dem Sohn Sam Yee ein schönes kleines Gartenhaus in Hamburg Wilhelmsburg bewohnt. Der Sohn Sam Yee ist Pianist. Auch alle anderen Kinder haben ihre Berufe.

Die Arbeit im Philip Haus hatte in den letzten Jahren durch Zuzug neuer Flüchtlinge aus dem Süden und durch neu eingeschriebene Gemeindeglieder erheblich zugenommen. Es war eine ganz besondere Gemeinde, die dort sonntäglich zusammenkam: die Leprakranken, Arme und andere Randsiedler der Gesellschaft.

Leung hatte stets ein besonderes Herz für sie. Im Philip Haus fühlten sie sich geborgen, angenommen, erhört. Deswegen kamen sie gern. Und Leung war wie ein Franz von Assisi unter ihnen. Er sammelte, lud sie ein, half ihnen, war für sie da.

Hauptnutzer der Räumlichkeiten in der Fuk Lo Tsuen Straße jedoch waren die Kinder: Von Montag früh bis Samstag mittag fanden sie hier in der Kindertagesstätte Betreuung und Anleitung zu Spiel und Lernen. Nur an den Wochenenden waren die Räume frei für die Gemeinde. Leung sagt dazu: "Mein Gedanke war, daß die Kindertagesstätten nur eine wirkliche Lebensberechtigung haben, wenn sie auch evangelistische Zentren sind, Orte um Menschen zu sammeln und sie der Liebe Gottes näherzubringen. Deswegen war es wichtig, daß sich die Kindergärtnerinnen aktiv am Gemeindeleben beteiligten, im Chor mitsangen und evangelistische Aufgaben übernahmen. Gebet und biblische Verkündigung gehörten unmittelbar in die Kindergartenarbeit hinein." Für ihn war kirchliche Sozialarbeit nur im Rahmen der Verkündigung denkbar.

1977 beanstandete die Aufsichtsbehörde der Regierung die sanitären Anlagen der Kindertagesstätte des Philip Hauses in der Fuk Lo Tsuen Straße und forderte die Gemeinde auf, nach neuen Räumlichkeiten Ausschau zu halten, andernfalls müßte der Kindergarten geschlossen werden. Die Räumlichkeiten seien zu beengt und nicht weiter ausbaufähig. "Was sollten wir tun", meint Leung im Rückblick. "Die Gemeinde hatte kein Geld und keine Beziehungen zu begüterten oder einflußreichen Leuten, um an einen Neubau oder ähnliches zu denken. Sollte dies das Ende eines verheißungsvollen Anfangs sein? Andererseits war ich mir sicher, daß Gott uns einen Weg weisen wird, wenn wir es betend vor ihn bringen. Mehr konnten wir nicht tun.“

Die Gebete fanden Erhörung. Eine Bekannte Leungs, die im Sozialamt des Flughafenstadtteils von Kowloon arbeitete, kam eines Tages aufgeregt an und bot dem Philip Haus drei große Räume für eine Kindertagesstätte ganz in der Nähe der alten an - aber wesentlich größer, zu ebener Erde. Der Staat wollte der Kirche diese herrlichen Räume zur Verfügung stellen, die Bewirtschaftung und inhaltliche Ausgestaltung der Arbeit würde bei der Gemeinde liegen. "Wieder plagte uns die bange Frage, ob wir die Kraft hätten, diese großen Räume als Kindergärten einzurichten und als Kindertagesstätten mit Leben zu füllen. Zu eben dieser Zeit kam der Direktor des Nordelbischen Missionszentrums, Pastor Paul Gerhardt Buttler, von einer Konferenz aus Australien über Hongkong zurück und wollte dem Philip Haus einen ersten Besuch abstatten. Wir haben ihn freudig begrüßt und mit ihm unsere Sorgen und Freuden geteilt, ihn auch zu den neuen Räumen in Ma Tao Wai geführt. Es war uns wie eine Erhörung unseres Betens, als Pastor Buttler uns Mut machte, die Kindertagesstätte zu übernehmen, und finanzielle Hilfe aus Nordelbien zusagte. Er erwähnte die Summe von DM 40000.-, was damals für uns ein kleines Vermögen war.“

Es dauerte dann allerdings noch zwei Jahre, bis 1979 der Umzug nach Ma Tao Wai in einen gut ausgestatteten Kindergarten möglich wurde. Die Kinder und ihre Aufsichtspersonen fühlten sich vom ersten Tag an sichtbar wohl - es war für sie, als kämen sie aus dem Gefängnis in die Freiheit, aus dem Käfig endlich in die unendliche Weite dieser Welt. Einen wesentlichen Anteil an diesem Wohlbefinden hatte die schöne Einrichtung der Tagesstätte, finanziert mit Mitteln aus Nordelbien.

Auch in Ma Tao Wai siedelte sich sofort eine kleine Gemeinde an, die in der Anfangszeit sehr schnell wuchs. Sie trägt den Namen Lok Xing, d.h. Heilige Freude, benannt in Erinnerung an den Breklumer Missionar Rössing, dessen Name im Kantonesischen Lok Xing ist.

Allerdings blieben die Armen beim Philip Haus, besonders die Lepraleidenden. Die "normalen" Menschen hatten noch immer nicht ihre Scheu vor dieser unheimlichen Krankheit abgelegt und mieden den Umgang mit den Kranken.

In den achtziger Jahren kamen weitere Filialgemeinden hinzu, jeweils an eine Kindertagesstätte angebunden. Die Regierung in Hongkong hatte Interesse daran, daß Kirchen soziale Einrichtungen betreiben, und zahlte ihnen lieber Zuschüsse, als sich selbst mit der Trägerschaft zu belasten. Durch die offensichtlich blühende Arbeit in Ma Tao Wai hatte das Philip Haus einen so guten Ruf bei den Behörden Hongkongs, daß diese gern der Gemeinde weitere Aufgaben übertrugen.

So bot 1983 das Sozialamt dem Philip Haus in einem Neubaugebiet auf der Hongkong Insel eine weitere Kindertagesstätte in der Hing Man Siedlung an. Das Nordelbische Missionszentrum erklärte erneut seine Bereitschaft, auch hier Mittel für die Einrichtung und Ausstattung der Tagesstätte bereitzustellen. Die

In den Tagesstätten finden die Kinder Dank der Hilfe aus Nordelbien Raum und Freude zum Spielen.

Bedrückend wirkt dahinter die Enge der Hochhäuser, in denen die Menschen zusammengepfercht leben.

Bauzeit in Hing Man verzögerte sich jedoch, so daß die NMZ-Gelder vorerst auf ein Bankkonto gelegt wurden.

Etwas später bekam das Philip Haus ein weiteres Angebot, in der Nähe des Flughafen Kai Tak in einem riesigen Neubaugebiet von Wolkenkratzern, in dem vornehmlich Flüchtlinge aus Barackensiedlungen und Elendsquartieren angesiedelt waren, eine Kindertagesstätte zu errichten. Leung zögerte nicht: Hier lag das Geld - dort war das Angebot; für ihn war das ein Fingerzeig Gottes - und er schlug zu: Die Gremien im NMZ waren nicht gerade hocherfreut, daß zweckbestimmte Gelder so schnell umfunktioniert wurden; aber am Ende stimmte man freudig zu und stellte nochmals Mittel für Hing Man bereit. Das unbeschwerte Gottvertrauen des Charismatikers Leung hatte über die Schwerfälligkeit einer kirchlichen Administration gesiegt zum Wohle für die Menschen.

Wie gewitzt Leung mit den offiziellen kirchlichen und staatlichen Stellen verhandeln konnte, zeigt gerade die Übernahme der Kindertagesstätte Kai Yip. Dem Namen nach waren die für Kai Yip eingesetzten Gelder für Hing Man gegeben. Darum wandte sich Leung an das Sozialamt und gab zu verstehen, daß das Philip Haus für die Ausstattung Kai Yips kein Geld zur Verfügung habe. Zwar hatte man die Mittel für Hing Man auf der Bank, nicht aber die Gelder für eine weitere Tagesstätte. Da das Sozialamt gern das Philip Haus als Träger haben wollte, bot es finanzielle Hilfe aus dem Lotterie-Topf der Regierung an.

Die Hongkongchinesen sind Weltmeister im Wetten und Lotteriespiel und die Regierung partizipiert mit 50 % an den Einnahmen; ein sehr erträgliches Geschäft, Mittel, die wieder für die Sozialarbeit in der Stadt zur Verfügung gestellt werden. So kommt die Spielwut der einen direkt den anderen, nämlich den Ärmsten der Stadt zugute.

Leung finanzierte so die Kindertagesstätte Kai Yip gewissermaßen doppelt und konnte aus dieser Neugründung ein Kleinod machen. Er sah es als positives Beispiel guter Zusammenarbeit von Staat und Kirche für das Allgemeinwohl der Gesellschaft.

Beide neuen Tagesstätten konnten fast zur gleichen Zeit eingeweiht werden: Weihnachten 1984, Kai Yip direkt vor dem Fest, Hing Man unmittelbar danach. Die Gemeinde in Kai Yip wurde in Erinnerung an den Breklumer Missionar Siegfried Bethke 'Tin Hong' genannt (so sein chinesischer Name) und entwickelte sich bald zur aktivsten Gemeinde. In Hing Man bekam die Gemeinde in Erinnerung an den Missionar Oppermann den Namen: Pui Man. Für die Gemeindearbeit in Kai Yip gelang es Leung, mit Pastor Lai Kum Ho einen engagierten Mitarbeiter zu gewinnen, der den Gemeindeaufbau zügig in Angriff nahm; für Pui Man fand er keinen Mitarbeiter.

Die Kindertagesstätten waren also Keimzellen aller evangelistischer Arbeit. Die Eltern wußten zwar, daß sie ihre Kinder in eine kirchliche Einrichtung brachten, waren sich aber in den meisten Fällen nicht im klaren, was das bedeutete und wie sich eine kirchliche Einrichtung von einer staatlichen unterschied. Für die meisten gab die Nähe zur eigenen Wohnung oder zur Arbeitsstätte den Ausschlag dafür, wohin sie ihre Kinder schickten bzw. die Tatsache, daß überhaupt ein Tagesstättenplatz zur Verfügung stand. In den achtziger Jahren gab es überall noch lange Wartelisten für diese Einrichtungen. Denn wenn eine Familie in Hongkong überleben wollte, so mußten beide Elternteile arbeiten gehen. Für Kinder war da kein Raum mehr; die Großeltern, denen in der traditionellen chinesischen Gesellschaft oftmals die Erziehung der Kinder obliegt, fehlten in der Flüchtlingsstadt; sie waren in China zurückgeblieben.

Jede der Kindertagesstätten ist heute äußerst modern und gut eingerichtet. Sie bestehen alle aus drei großen Gruppenräumen, die durch verschiebbare Faltwände nochmals unterteilbar sind. In jedem Gruppenraum finden etwa vierzig Kinder im Alter zwischen zwei und sechs Jahren Platz; meistens werden die großen

Gruppen wiederum unterteilt und von verschiedenen Fachkräften begleitet.

Der Tag in den Tagesstätten beginnt sehr früh: ab acht Uhr werden die Kinder gebracht. Wer immer das Kind abliefert, erhält einen Abholausweis mit dem Bild des Kindes und dem Siegel der Kindertagesstätte. Nur gegen Rückgabe dieses Ausweises dürfen Kinder abends wieder abgeholt werden - eine zweifache Hilfe: Es gibt dem Tagesstättenpersonal die Möglichkeit, mit einem Blick auf die Ausweiswand zu überprüfen, wie viele Kinder fehlen und wer nicht da ist. Zum anderen garantiert es Personal und Eltern, daß nur Befugte die Kinder wieder abholen. Bisher hat dieses System außerordentlich gut funktioniert.

Bis zum Frühstück um neun Uhr werden die Kinder beschäftigt oder dürfen frei spielen. Mit dem Frühstück beginnt der "Ernst" des Tages. Alle Mahlzeiten werden in den kleinen Garküchen der Kindergärten selbst zubereitet; und anders als in Europa gibt es bereits zum Frühstück eine warme Mahlzeit: Reis mit Beilagen. Das Essen ist gut und vielfältig und wird von tüchtigen Hausfrauen gekocht: Frühstück, Mittag und "Kaffee" (Da gibt es dann schon manchmal etwas Gekauftes, aber selbst hier tun sich die Frauen als fleißige Bäckerinnen hervor). Der Tag ist lang - geöffnet ist von morgens acht Uhr bis abends sechs. Manche Kinder kommen etwas früher, andere gehen etwas später - je nach der Belastung der Eltern. Die Kindergärtnerinnen müssen Tag für Tag ein Programm vorbereiten, das die Kinder einmal rund um die Uhr beschäftigt hält. Über jedes Kind wird ein ausführliches Reportbuch geführt, in dem seine geistige und körperliche Entwicklung genau festgehalten wird. Anders als in europäischen Kindergärten wird sehr früh, schon ab dem dritten Lebensjahr, eine Art Vorschule eingeführt; die Kinder beginnen einige der 40.000 sehr komplizierten chinesischen Schriftzeichen zu malen. Sie müssen einmal mindestens vier- bis sechstausend davon lernen, wenn sie einigermaßen mit Verständnis die Zeitung oder ein normales Buch lesen wollen. Neben diesen Schriftzeichen lernen die Kinder auch die Zahlen und die lateinischen Buchstaben. Das Prinzip Leistung hat schon im Kindergarten Einzug gehalten. Die Eltern knüpfen große Erwartungen an diese Einrichtungen: Ihre Kinder sollen etwas lernen und damit eine Chance für die Zukunft haben. Ein Kind, das nicht einen solchen Kindergarten oder eine Tagesstätte besuchen konnte, hat es sehr viel schwerer in der Schule. Meist kann es den Vorsprung der anderen nicht mehr ausgleichen.

Teil des Lernens und Unterrichtens ist auch die Beschäftigung mit den biblischen Geschichten. Die Kinder lieben sie, lernen gern auswendig und malen täglich, was sie neu gehört haben. Fröhlich schallt ihr Singen weit aus den meist offenen Fenstern heraus - Kinderlieder, Volksgesänge und natürlich besonders auch christliches Liedgut. Vor und nach dem Essen wird gebetet, täglich findet eine kindgemäße Katechese statt. All das bringen diese Kinder in ihre Familien zurück und werden so schon im frühen Kindesalter zu "Zeugen der guten Botschaft Gottes", wie Pastor Leung immer wieder sagt: "Sie sind unsere besten Missionare und Zeuginnen. Wie oft sind schon Kinder nach Hause gegangen und haben ihren Eltern beigebracht, daß man vor dem Essen erst zu dem Herrn Jesus beten darf."

Neben dem Alltag gibt es besondere Feste. Pastor Leung liebt sie und ermuntert die Leiterinnen und Kindergärtnerinnen immer wieder dazu. Es vergeht kein Jahr, in dem nicht ein großes Jubiläum in jeder Kindertagesstätte gefeiert wird, ein besonderes Fest, das die Kinder unter Anleitung der Erzieherinnen wochenlang vorbereiten mit Singen, Spielen, Aufführungen und manchem mehr. Es ist erstaunlich, wieviel Zeit und Liebe dort investiert wird.

Natürlich sind die Eltern zu solchen Festen geladen. Es werden Termine gewählt, an denen viele Arbeitnehmer frei haben. Dementsprechend gut ist stets die Beteiligung der Eltern, die natürlich gern kommen wollen, wenn ihre Kinder etwas aufführen. Für Leung gibt es gar keine Diskussion, daß im

Mittelpunkt eines solchen Festes wieder eine evangelistisch-missionarische Ansprache stehen muß. "Den Menschen etwas von der Liebe Gottes in Jesus Christus erzählen", bringt er es schnell auf eine kurze Formel. Wenn er mit einem Mikrophon in der Hand vor den Eltern und Kindern steht, dann geht schon ohne viele Worte etwas von der Strahlkraft dieser Liebe Gottes von ihm aus.

Manch einer von den Erwachsenen wird durch das Erzählen der Kinder oder durch die Feste neugierig auf das, was diese Liebe Gottes eigentlich bedeutet, und möchte mehr davon hören. Sie sind zu den Andachten und Gottesdiensten eingeladen, die in eben den Räumen der Kindertagesstätte an den Sonntagen oder besonderen Festtagen stattfinden.

Keiner möchte das Weihnachtsfest missen, das selbst bei den Nichtchristen einen hohen Stellenwert hat. "Das sind doch Möglichkeiten für uns,“ schmunzelt Leung, "Gott den Menschen näher zu bringen.“

Für die Arbeit in Kai Yip hatte Leung in Pastor Lai Kum Ho eine wichtige Hilfe. Er war Leung aus der Jugendarbeit in seiner allerersten Gemeinde in Shatin vom Anfang der fünfziger Jahre her bekannt. Lai hatte dort im Chor mitgesungen und war Leung durch seine ruhige Ausstrahlung aufgefallen und lieb geworden. Lai hatte später eines der evangelikalen Predigerseminare in Hongkong besucht und war Pastor geworden, gerade in dem Augenblick, als Leung nach tüchtigen Mitarbeitenden Ausschau hielt. "Natürlich war es ein Fingerzeig Gottes, daß gerade mein Freund Lai damals eine Stellung suchte und den Ruf nach Tin Hong annahm." Bis zu seiner Auswanderung in die USA im Jahr 1990 hat er die Gemeinde begleitet und zum Blühen gebracht.

Für die Gemeinde Pui Man auf der Insel Hongkong wurde kein Prediger oder Evangelist gefunden, so daß sie nie ganz aus den Anfangsschwierigkeiten herauskam. Leung hat dort mit viel Ausdauer und Energie und seiner ganzen persönlichen Ausstrahlungskraft versucht, ein Fundament zu legen; aber immer wieder zogen gerade auch die treusten Gemeindeglieder fort.

Viele sind nach Amerika, Australien und Neuseeland ausgewandert.

Sie fürchten sich vor den Chinesen, die vom l. Juli 1997 an wieder die Herren Hongkongs sein werden. England hatte in den Verhandlungen 1984 verbindliche Zusagen gemacht, die Kronkolonie insgesamt mit Ablauf des Pachtvertrages für die New Territories an China zurückzugeben. Seitdem haben jährlich Zehntausende die Kolonie verlassen auf der Suche nach einer neuen Heimat und einer sicheren Zukunft.

"Gerade die Christen stellen den höchsten Prozentsatz unter den Emigranten", sagt Leung traurig. "Das hat unsere Gemeinden stark geschwächt. Besonders spürbar ist immer wieder der Verlust von engagierten Mitarbeitenden; ich denke da besonders an Pastor Lai. Er hat in Amerika einen Ruf in eine kleine chinesische Gemeinde in San Franzisko erhalten, die auch seinen Unterhalt garantierte. So wird es gerade den Pastoren leicht gemacht, ihre Herde zu verlassen - und viele tun es leider auch!"

So sehr die Mitarbeitenden in den Kindertagesstätten in den achtziger Jahren kirchlich verankert waren und es als Selbstverständlichkeit ansahen, auch sonntags in ihrem Kindergarten zu sein, den Chor zu verstärken oder hier und dort Hand anzulegen, so nahm die Identifikation mit der evangelistischen Aufgabe der Kindertagesstätten im Laufe der Jahre spürbar ab. Viele der neuen Kräfte sahen sich weniger als Missionare als vielmehr als reine Sozialarbeiter. In Auseinandersetzungen mit Leung wiesen sie darauf hin, daß ihr Gehalt ja nicht von der Kirche, sondern von den staatlichen Subventionen für die Tagesstätten bezahlt werde. Sie wollten den Sonntag als freien Familientag haben und empfanden ihre Arbeit nicht mehr als Berufung und kirchlichen Auftrag, sondern eher als einen Job zum Geldverdienen.

Für Leung war dieser Wechsel in der Gesinnung eines Teils seiner Mitarbeitenden nur schwer oder gar nicht zu verstehen. Er selbst hat sich doch ganz der Sache Gottes verschrieben und kann es nicht fassen, daß es Christen gibt, die ein weit weniger starkes Engagement für durchaus vertretbar halten - bis hin zu den reinen Zählmitgliedern der Kirche, die dabei sind, aber ansonsten möglichst in Ruhe gelassen werden wollen.

Das führte bisweilen zu Spannungen mit den Leitungsgremien der Kindergärten; diese warfen Leung permanente Einmischung in die Angelegenheiten der Kindertagesstätte vor, er wiederum beschuldigte sie, die eigentliche Aufgabe dieser Einrichtungen zu mißachten: die Ansage der Liebe Gottes für alle Menschen. Dies hat zum Verlust der einen oder anderen Mitarbeiterin geführt, hat aber am Ende dazu beigetragen, daß in der Tat alle Kindertagesstätten der Lutheran-Philip-Haus-Kirche ihr kirchliches Gepräge behalten haben - und das ist:

- ein Service für die Kinder, der den staatlicher Stellen weit übertrifft in besonders schön eingerichteten Kindertagesstätten mit einem äußerst engagierten Personal.

- eine Gemeinschaft, die etwas von der Liebe Gottes auch in einer Stadt wie Hongkong leuchten läßt.

Seit 1991 gab es Verhandlungen wegen einer vierten Kindertagesstätte in den unendlichen Neubaugebieten in den New Territories, also der China zugewandten Seite Kowloons, in Shatin. Das Sozialamt hatte Leung sehr schnell eine feste Zusage gemacht. Leung hatte auch hier in verschiedenen kleinen Hausgemeinden Menschen aus dem Süden Chinas und andere gesammelt; nun wollten sie ein gottesdienstliches Zentrum haben. Gerade in den Siedlungen, den riesigen Neubaugebieten, wo auf engem Raum Zigtausende von Menschen in Hochhäusern von dreißig, vierzig und mehr Stockwerken untergebracht sind, die immer neu wie Pilze aus der Erde schießen, sind soziale Einrichtungen von besonderer Wichtigkeit. Nahezu drei Jahre zogen sich die Verhandlungen hin, bis dem Philip Haus in Oi Lun die wohl schönste und am großzügigsten ausgelegte Kindertagesstätte für 120 bis 140 Kinder angeboten wurde. Wieder wurde sie mit Hilfe der Christen Nordelbiens modern und schön eingerichtet. Sie ist das jüngste Beispiel der Verknüpfung von sozialer Hilfe und evangelistischer Verkündigung des Philip Hauses. Am schönsten bringt es vielleicht der Name der Tagesstätte zum Ausdruck: Oi Lun, d.h. Nachbarschaft - Liebe. Nachbarliche Liebe soll von dort ausstrahlen. So gut diese Kindertagesstätte läuft, so viel Sorgen hat Leung mit dem Gemeindeaufbau in Shatin. Er hat hier immer wieder junge "Bibelfrauen" - wie er sagt - eingesetzt, junge Vikarinnen frisch vom Seminar mit wenig oder gar keiner Gemeindeerfahrung, und erwartet von ihnen ein ähnliches Arbeitspensum und die gleiche Ausstrahlung, wie er sie selbst hat. Das führt immer wieder zu Enttäuschungen auf beiden Seiten und endet meist damit, daß die junge Theologin sich eine andere, leichtere Arbeitsstätte sucht. Und davon gibt es zur Zeit genügend in Hongkong. Die Flucht vieler Pastoren hat überall Lücken hinterlassen, die gefüllt werden müssen. So ist bis heute keine Stetigkeit in die Gemeindearbeit in Oi Lun eingekehrt.

11. Besuche in Deutschland - die Familie

1974 kam Leung zu einem ersten Besuch von Hongkong aus nach Deutschland. Natürlich wollte er seine Familie wiedersehen; zugleich aber interessierten ihn die Veränderungen, die mit der Regionalisierung der Missionen in Deutschland einhergegangen sind. Die alte Breklumer Mission gab es nicht mehr, an ihre Stelle waren das "Nordelbische Zentrum für Weltmission und kirchlichen Weltdienst" in Hamburg, kurz NMZ, und das dazugehörende Aktions- und Besinnungszentrum in Breklum getreten. Die Personen waren großenteils dieselben geblieben, aber die Strukturen hatten sich verändert. Nicht jedoch für Leung. Er zog wie früher durch die Gemeinden Nordelbiens und berichtete von seiner Arbeit in Hongkong und den vielen Aufgaben dort - unter den Lepraleidenden auf Hei Ling Chao und in der Philip-Haus-Kirche.

Seit diesem ersten Besuch hat er in regelmäßigen Abständen Besuche in Deutschland gemacht, hauptsächlich um den Kontakt mit den Gemeinden und Menschen in Nordelbien zu halten. Für Leung ist dieser persönliche Kontakt von großer Wichtigkeit, vor allem daß Menschen für ihn und seine Arbeit beten und sie begleiten. Leung nutzt meist das alljährliche große Breklumer Jahresfest des NMZ, um solche Beziehungen zu erneuern. Wegen der großen Entfernung und der hohen Flugkosten kann er nicht jedes Jahr dabeisein; aber er hat es relativ oft geschafft zur Freude der großen Missionsgemeinde, die ihn kennt und betend trägt.

Natürlich hat er bei diesen Besuchen auch seine Familie aufgesucht. Leung verfolgte - so gut er konnte - aus der Ferne den Werdegang seiner Kinder und blickt heute mit einigem Stolz auf sie - zugleich mit Dank an seine Frau, die doch in all den Jahren die größere Last mit der Erziehung der Kinder getragen hat, aber auch deren Freuden unmittelbar teilen durfte. Für Leung war das auf die kurzen Besuche in Deutschland begrenzt, wenn er einmal bei den Kindern hereinschaute, oder auf deren Besuche bei ihm in Hongkong, die er als Höhepunkte seines Lebens bezeichnet.

Es scheint, daß alle Kinder etwas von der Musikalität des Vaters mit in die Wiege gelegt bekamen. Zwei von ihnen haben mit der Musik Karriere gemacht, die älteste Tochter Sam Eu als Sängerin und der Sohn Sam Yee als Pianist.

Leung selbst singt für sein Leben gern. Wenn er Alte oder Kranke besucht, so wird er sie stets mit einem Lied erfreuen und sieht das Singen als ein gutes Mittel an, die Liebe Gottes zu bezeugen. Wenn Leung in einer der Kindertagesstätten auftaucht, dann scharen sich im Nu die Kinder um ihn und bitten ihn: Sing uns etwas vor! Selten wird dann ein einfaches Kinderlied erklingen; meist ist es ein kindgerechter Choral, ein Kanon, ein kleines geistliches Lied. Und im Nu hat Leung die Kleinen zum Mitsingen ermuntert und ein neues Lied mit ihnen einstudiert. Viele dieser Lieder hat er selbst aus dem Deutschen ins Chinesische übertragen, wie "Vom Aufgang der Sonne" oder "Gott hat alle Kinder lieb".

Trotz seiner großen Familie mit den vielen Enkelkindern blieb Leung allein in Hongkong; aber er war nie wieder einsam wie an dem ersten Weihnachtsfest 1971. "Auch wenn meine Kinder und Enkel weit weg in Deutschland sind, so habe ich doch über dreihundert, heute sogar nahezu fünfhundert Kinder in den Kindertagesstätten, die zu mir wie zu einem Vater und Großvater aufschauen." Leung merkt nicht, wie sehr er mit dieser Bemerkung ein Stück weit auch seine Beziehung zu Kindertagesstätten und den Gemeinden darstellt: Er ist der Vater, dem alles andere zugeordnet ist. Das ist die Stärke dieser kleinen lutherischen Gemeinde mit ihrer großen Ausstrahlungskraft und ihrem beachtenswerten sozialen Engagement. Zugleich aber ist es auch die Schwäche der Lutherischen Philip Haus Kirche, wie sie sich offiziell heute nennt. Sie ist so sehr auf die Person von Pastor Leung fixiert, daß es für andere Mitarbeitende schwer ist, sich neben ihm zu entfalten oder auch nur zu bestehen.

12. China öffnet sich - 1979 - Wiedersehen nach Dreißig Jahren

In all diesen Jahren war die Volksrepublik China für die Menschen in Hongkong der bedrohliche Koloß jenseits des Bambusvorhangs, abgeriegelt, doch stets bedrängend nah. Hongkong kann keine drei Tage ohne die Volksrepublik China überleben. Wichtigste Lebensadern verbinden die Metropole mit der großen kommunistischen Schwester - die Versorgung mit Trinkwasser, Elektrizität und Lebensmitteln, die Abnahme des gesamten Mülls der sechseinhalb Millionen-Stadt. China andererseits kann nicht ohne Hongkong auskommen; es war und ist der wichtigste Umschlagplatz für chinesische Produkte und damit Devisenbeschaffer für die Volksrepublik. Gerade in den Jahren westlicher, besonders amerikanischer Handelsembargos gegen das kommunistische Regime in Peking blieben die Tore über Hongkong stets geöffnet. Waren aus China bekamen in Hongkong die Legitimation für den Export in die USA, das ‘made in Hong-kong’, und konnten plötzlich weltweit abgesetzt werden. Da sie billig sind und obendrein gut verarbeitet, fanden sie stets einen Markt. - Für die Menschen in China war Hongkong immer das Paradies, der Traum von Freiheit und Wohlstand. Magisch übte die Stadt Anziehung auf Millionen von Flüchtlingen aus.

Dieser Flüchtlingsstrom nahm sprunghaft zu in den schrecklichen Jahren der Kulturrevolution zwischen 1966 und 1976. Es waren nicht nur die Arbeiter und enteigneten Bauern, die von der aufblühenden Handelsmetropole und ihren Möglichkeiten angezogen waren. Nein, hauptsächlich waren es jetzt Akademiker und Intellektuelle, die den Terror der Roten Garden Mao Zedongs nicht länger ertragen konnten. Noch einmal versuchte der greise Führer des neuen China, mit der Hilfe von Kindern und Jugendlichen die große kommunistische Wende zu erstreiten. Man versprach sich Erfolg für die Kulturrevolution, indem man sich bewußt - und gewaltsam - von allem trennte, was mit imperialistischen und kapitalistischen Strukturen zu tun zu haben schien.

Für die Roten Garden unter der Führung Maos galt nur die Arbeit mit den Händen und dem Körper in den Betrieben und auf dem Lande als wirkliche Arbeit, die den Menschen adelt. Alle geistige Tätigkeit wurde als weniger wichtig und oft als imperialistische Verfremdung angesehen, die es zu bekämpfen gelte. Zu diesem Kampf für die Säuberung Chinas von allen revanchistischen Kräften hatten sich die vier Führungskräfte um Mao Zedong, geführt von dessen ehrgeiziger Frau Jiang Ching, mit den Roten Garden verbündet. Es waren Jugendliche im Alter von sechzehn bis achtzehn Jahren, oft noch jünger, die nun gegen alle bestehenden Strukturen losgelassen wurden. Die Universitäten und Lehrbetriebe stellten ihre Tätigkeit ein; die Lehrer wurden auf das Land oder in die Betriebe gejagt, um endlich einen "sinnvollen Beitrag zum Wohl der Gesellschaft" zu leisten, wie es hieß. Besonders die Führungskräfte in allen Bereichen waren den jungen Revolutionären suspekt und ihrer Willkür ausgeliefert. Der Zorneseifer der Verfolgung richtete sich besonders heftig gegen alle Religion und deren Einrichtungen, speziell gegen die Menschen, die das vertraten: Priester und Priesterinnen bis hin zu den einfachen Gläubigen. Tempel wurden zerstört oder zumindest zweckentfremdet; aller Kultus war verboten, getreu der These von Marx, daß Religion doch nur Opium für das Volk sei. Das neue China sollte den Fakten des Lebens dienen, nicht den Träumen der Menschen. Die Verfolgung galt vor allem den Christen und alle christlichen Einrichtungen, die nicht nur das Zeichen der Religion, sondern obendrein den Makel des Ausländischen trugen. Eine wahre Christenverfolgung setzte ein, jeglicher Gottesdienst, alle religiösen Zusammenkünfte waren verboten. Die Kirchen wurden abgerissen oder dienten als Fabrikhallen; die kirchlichen Grundstücke, oftmals sehr schön und zentral in den Städten und Ortschaften gelegen, wurden alle enteignet. Viele dieser Liegenschaften gingen nahtlos in den Besitz der kommunistischen Parteifunktionäre über. Sie hatten schon lange neidisch auf diese privilegierten Anwesen der Missionen und Kirchen geblickt und machten sie jetzt zu ihren eigenen Zentralen.

Christen waren in besonders schlimmer Weise den Verfolgungen ausgesetzt. Sie wurden verhöhnt, verlacht, gequält, gefangen und gefoltert. Viele sind dabei umgekommen. Die Roten Garden frohlockten, wenn eine Frau oder ein Mann unter den Qualen zusammenbrach; es gab keine Instanz für die Verfolgten und Gequälten oder deren Familien, die diese anrufen konnten, um Recht zu erfahren. Es herrschte das Recht der Straße, die Gewalt des Mobs.

Die Revolutionäre hatten es speziell auch auf Bücher und alles Feingeistige abgesehen. Die Theater wurden geschlossen, die Oper, die eine uralte Tradition in China hatte. Alles kulturelle Leben kam zum Stillstand. Nur das Studium der Mao-Bibel, des kleinen Roten Buchs blieb - ja das war Pflichtlektüre eines jeden Chinesen geworden. Es blieb der absolute Mao-Kult, die uniforme Gesellschaft, in der die alten Werte verpönt waren, ohne daß neue ihren Platz eingenommen hätten. Die zehn Jahre Kulturrevolution stürzten China in ein großes Chaos. Nicht nur das geistige Antlitz der Gesellschaft wurde verändert, sondern die Gesellschaft selbst in eine tiefe Identitätskrise getrieben.

Einen vorläufigen Abschluß fand die Kulturrevolution bereits 1969, doch blieben viele ihrer Wesenszüge bis zum Tode Mao Zedongs 1976 bestehen. Erst dann rückte die kommunistische Parteiführung eindeutig von der Bewegung der Kulturrevolution ab und bezeichnete sie als eine Katastrophe für die Entwicklung Chinas. Ihre Hauptrepräsentanten, die sogenannte Vierer-Bande, wurde unter Anklage gestellt und politisch eliminiert. Unter der Führung des Pragmatikers Deng Xiao-ping suchte China nach einem Ausweg aus der Selbstzerfleischung und Zerstörung.

Deng wußte, daß es als erstes die Wirtschaft des Landes anzukurbeln galt. Diese war durch die Kulturrevolution in eine tiefe Krise geraten, aus der sie sich selbst nur schwer befreien konnte. Daher

Die Grenze zwischen der Kronkolonie und der Volksrepublik China, der sogenannte Bambusvorhang.

Leung bei Yan Lin und ihrem Sohn Chan Lik in Guangzhou beim Austausch alter Erinnerungen.

lud die chinesische Parteiführung unter Deng Ende der siebziger Jahre Auslandschinesen in ihre Heimat, nach China ein und versuchte, sie zu Investitionen in der Volksrepublik zu ermuntern. Den vielen Flüchtlingen wurde versprochen, daß sie bei einer Rückkehr keine Repressalien zu befürchten hätten. Während die Wirtschaftsbosse die Einladung neugierig annahmen und große Gewinne witterten, waren die Flüchtlinge skeptisch und blieben, wo immer sie sich im Ausland festgesetzt oder einen Unterschlupf gefunden hatten.

Dengs Werben für Investitionen in China stieß also durchaus auf offene Ohren. Die ganze Welt sieht heute diesen Koloß als den Markt der Zukunft an - "1,2 Milliarden Menschen, welch ein Potential." Investoren drängten sehr schnell in die besonders ausgezeichneten Wirtschaftszonen und setzten einen enormen wirtschaftlichen Aufschwung in Gang. Durch Dengs neue Politik der Öffnung Chinas wurden Besuche in der Volksrepublik wieder möglich. Die Zugverbindung zwischen Hongkong und Kanton, lange Zeit unterbrochen, wurde wieder hergestellt und modernisiert. Auch Leung schickte Nachricht zu seinen Verwandten und Freunden nach Kanton, daß er sich auf den Weg zu ihnen machen wolle.

"Noch heute steht mir dieser erste Besuch 1982 in lebendiger Erinnerung", erzählt er. "Tagelang vorher konnte ich nicht schlafen. Wen würde ich treffen, wie würde das Wiedersehn sein? Von Freunden hatte ich erfahren, daß die Kontrollen an der chinesischen Grenze recht moderat waren und man getrost Sachen mitnehmen dürfe. Ich ahnte, daß es meinen Verwandten und Freunden nicht sehr gut ging, und packte zwei große Koffer und Säcke voll Kleidung, die mir Freunde geschenkt hatten. Auch hatte ich mehrere kleine chinesische Bibeln in meinem Gepäck."

"Meine Schwester Lagit begleitete mich. Aufgeregt setzten wir uns in den durchgehenden Zug nach Kanton. Bange schauten wir aus dem Fenster, als er durch den Drahtzaun und die Stacheldrahtverhaue bei Shenzhen rollte. Bei einem kurzen Stopp wechselte nur das Zugpersonal; plötzlich waren ganz viele Beamte und Soldaten im Zug und beobachteten uns. Sehr langsam ging die Fahrt weiter. Man merkte den Gleisen an, daß lange nichts an ihnen getan worden war, es holperte und ratterte. Verkäuferinnen boten billige Zigaretten, Spirituosen, Erdbeeren und andere Leckereien feil, die es sonst in der Volksrepublik nicht gab - gegen harte Devisen! Im Land der einen Gesellschaft konnte man sich mit ausländischer Währung viele Privilegien erkaufen."

"Endlich waren wir in Kanton. Die Menschen drängten und schlugen sich buchstäblich zu den Zollabfertigungsstellen durch. Lagit und ich wurden einfach mitgetrieben. Wir hatten Mühe, unsere Gepäckstücke, die beiden Koffer und drei Säcke, in den Händen zu behalten."

"Endlich standen wir vor dem Beamten, der eine auffallend abgegriffene Uniform trug. Wir mußten die Koffer öffnen und viele Fragen nach unseren Kontakten in die Volksrepublik China über uns ergehen lassen; warum wir nicht mehr dort lebten und vieles andere. Ich wurde verwarnt, daß ich viel zu viele Bibeln bei mir habe - und daß dies verboten sei. Aber der Beamte beließ es bei den Ermahnungen; er nahm mir nichts ab - auch keine der Bibeln."

"Erleichtert ließen wir uns im Strom der Menschen zum Ausgang treiben. Wenn wir gemeint hatten, drinnen sei ein Gedränge gewesen, so verschlug es uns draußen geradezu das Atmen. Hinter einer kleinen Barriere standen Hunderte von Menschen und reckten ihre Hälse, um einen Freund, eine Verwandte, die Mutter, den Onkel oder wen auch immer auszumachen. Ich entdeckte zuerst das lachende Gesicht meiner Schwester Yan Lin; sie winkte mit einem Tuch. Hinter ihr stand Sin Ying, meine Adoptivschwester aus Beihai, und andere von meinen Geschwistern. Ich sah Lee Paulos Kinder und fühlte mich plötzlich wie im Traum. Yan Lin begann geradezu hysterisch nach mir zu rufen, bis wir uns weinend in den Armen lagen. Ein Wiedersehn nach dreißig Jahren - das ist eine lange Zeit!"

Leung hatte schon von Hongkong aus Quartier in einem Hotel gebucht; er war ja nur als Tourist in seine Heimat gekommen. Private Kontakte wurden immer noch scheel angesehen. Um so mehr wunderte es ihn, daß nahezu alle seine Geschwister, die Pflegekinder von Felix Paulsen und die Kinder des treuen Pastors Lee Paulo, der in der Kulturrevolution umgebracht worden war, zu seiner Begrüßung die teilweise weite Reise aus dem Süden Chinas bis nach Kanton nicht gescheut hatten und ihn hier empfangen konnten.

In den wenigen Stunden und Tagen hörte das Erzählen nicht auf. Es lohnt sich, einige ihrer Lebensgeschichten näher zu betrachten, denn sie stehen für viele, die vom China der jüngsten Vergangenheit und Gegenwart geprägt sind.

Allen voran erzählte **Yan Lin** von ihrem Ergehen; sie ist vielleicht die dynamischste der Pflegetöchter der Familie Paulsen: Leung ist mit ihr aufgewachsen und hat sie - wie die anderen - stets als seine Schwester angesehen. Ihre Mutter war bei der Geburt gestorben, der Vater konnte nicht für sie sorgen; so nahmen die Paulsens sie auf. Sie war der Liebling von Felix Paulsen in ihrer offenen, rührigen Art; immer wieder ist sie es, die die Initiative ergreift. So auch hier: Sie hatte die Zusammenkunft mit Leung und den Geschwistern in Kanton organisiert.

Yan Lin war noch 1950 kurz in Hongkong gewesen, um Leung zu besuchen. Bei diesem Aufenthalt in Hongkong hatte sie den jungen Herrn Chan kennengelernt, einen Journalisten, der sich hauptsächlich auf Filmkritiken spezialisiert hatte. Gegen den guten Rat von Leung, in Hongkong zu bleiben, meinten damals beide, daß ihnen eine bessere Zukunft im befreiten China blühen könnte. Sie nahmen Chans mühsam erarbeitetes Kapital und kauften davon ein preiswertes Mehrfamilienhaus in Guangzhou, wie die Stadt Kanton heute auf den offiziellen chinesischen Karten heißt. Herr Chan fand Arbeit in seinem Beruf bei der staatlichen Filmgesellschaft.

Es hat also auch eine Wanderbewegung von Hongkong nach China hin gegeben; auch wenn sie sehr viel kleiner war als der Flüchtlingsstrom aus der Volksrepublik in umgekehrter Richtung.

Für Yan Lin und ihren Mann war der Schock der Kulturrevolution ganz tief. Herr Chan verlor seinen Posten bei der Filmgesellschaft, die nur noch Propagandafilme produzieren durfte und keine Kritiken brauchte. Er wurde in eine Fabrik gesteckt, wo er etwas völlig anderes tun mußte - glücklicherweise ohne von der Familie getrennt zu sein.

Ihr Besitz, das Mehrfamilienhaus in der Kwongchow Ting Shing Straße im Zentrum von Kanton wurde enteignet. Sie durften ihre Wohnung weiter als Mieter nutzen gegen ein sehr geringes Entgeld, das an die staatliche Hausverwaltung zu entrichten war. Für die Instandsetzung des Hauses wurde in diesen Jahren nichts geleistet.

Das Haus liegt in einem typischen chinesischen Straßenviertel: vorn die große Durchgangsstraße und hinten ein Gewirr von kleinen Gassen, die man nur zu Fuß betreten kann, Häuser eng aneinander gebaut, die Wege dazwischen kaum zwei Meter breit; die Haustüren noch mit alten chinesischen Bohlen verschlossen, die tagsüber entfernt werden und so freien Zugang zu den Wohnungen gewähren.

Mit dem Ende der Kulturrevolution versuchte die Regierung, die Zeiger der Uhr zurückzudrehen. Privatbesitz konnte an den ursprünglichen Besitzer zurückgegeben werden. Yan Lins Familie war dieser Schritt aber erst Ende der achtziger Jahre gelungen. Sie mußte hart dafür streiten, bevor die staatlichen Behörden zustimmten. Sie verlangten von Yan Lins Familie den stolzen Rückkaufpreis von 10.000 Yuan, angeblich als Kompensation für Renovierungsarbeiten, die man dem Haus allerdings nirgends ansah. Zudem steckte das Haus voller Menschen, die im Grunde nur eine nominelle Miete zu zahlen hatten; so wenig, daß keine der nötigen Reparaturen davon zu begleichen waren. Ein langwieriger Kampf begann, die unliebsamen Mieter wieder herauszusetzen; gesetzliche Mittel gab es dafür im Grunde nicht. Auf solche Weise entmutigt der Staat noch heute den Wunsch Einzelner nach Eigentum, Kapital und Eigenverantwortung.

Acht Jahre nach dem ersten Wiedersehen mit Leung, 1990, ließ Yan Lins Mann sich vorzeitig pensionieren und suchte sich eine Arbeit als Nachtwächter in einer katholischen Schule in Hongkong. Da er noch seinen Hongkong-Paß hat, konnte er ohne Schwierigkeiten in die Stadt zurück. Er verdient in der Kronkolonie als Rentner mehr, als er je in seinem Leben in China zu sehen bekam. So pendelt er ziemlich unregelmäßig zwischen Kanton und Hongkong hin und her und schafft die Mittel herbei, die sie für die dringend notwendige Renovierung des Hauses brauchen.

Es gibt nicht sehr viele Menschen, die wie Herr Chan von der Volksrepublik aus in die Kronkolonie hin und her pendeln. Wichtig ist, daß es überhaupt möglich ist. Wesentlich größer ist der Strom der Hongkong-Chinesen, die gelegentlich oder sogar ständig in die Volksrepublik pendeln, um dort ihre Geschäfte zu machen. Längst sind die gewerkschaftlich gesicherten Arbeitslöhne und ausgehandelten Arbeitsbedingungen der Kronkolonie so hoch, daß sich die Verlagerung von Arbeitsplätzen in die völlig ungeregelten Verhältnisse der Volksrepublik für jeden Geschäftsmann lohnt. Das hat den Zugverkehr und die Flugverbindungen von Hongkong nach China in den letzten Jahren sprunghaft ansteigen lassen. Für die Chinesen in Hongkong bedeutet das: Gefährdung des Arbeitsplatzes, Arbeitslosigkeit - für die in China: neue Arbeitsplätze, wenn auch unter krassen ausbeuterischen Bedingungen. Menschen möchten an dem Wohlstand der Kronkolonie partizipieren.

Yan Lin hat zwei Söhne, die 1979 gerade ihre Schulbildung beendet hatten. Dem Ältesten gelang Jahre später eine abenteuerliche Flucht nach Hongkong. Neben dem Landweg versuchen junge Menschen immer wieder, die breite Mündung des Perlflußes zu durchschwimmen. Auch Yan Lins Sohn schloß sich einer Gruppe von vier Freunden an, die gemeinsam die Flucht über das Wasser wagten. Nur drei von ihnen kamen am Ende an. Mit Leungs Hilfe hatte er bald eine Arbeitsstelle in Hongkong gefunden und damit seinen Lebensunterhalt gesichert.

Der zweite Sohn, Chan Lik, blieb in Kanton und trat in die Fußstapfen des Vaters: Er fand Arbeit im Büro der staatlichen Filmgesellschaft. Aber - wie sehr viele junge Menschen im heutigen China - ist er unzufrieden mit dem Leben im sozialistischen Staat und der bedrückenden Reglementierung aller Lebensbereiche; deswegen möchte er ins Ausland, am liebsten nach Amerika, das in den Köpfen junger Chinesen nahezu dem Paradies auf Erden gleichzusetzen ist.

Neben Yan Lin lebt heute auch **Shoi Yen** in Guangzhou. Sie ist die jüngste Pflegetochter der Paulsens und mit einem Lehrer verheiratet. Sie selbst arbeitete bis zu ihrer Pensionierung als Rechnungsführerin in einer Fabrik. Auch zu ihrer Familie gehört eine besondere Geschichte:

Ihr Mann Choe Weng Chung ist in einer anglikanischen Familie im Süden Chinas aufgewachsen. Er wurde als Kind getauft und von der Mutter christlich aufgezogen. Das hatte ihn bewogen, Ende der vierziger Jahre in Hongkong mit dem Theologiestudium zu beginnen. Als jedoch mit der Machtübernahme der Kommunisten die Missionare aus China vertrieben wurden und die Kirche dort großenteils ohne Priester zurückblieb, bat der anglikanische Bischof von Hongkong Choe, vorzeitig nach China zurückzukehren, um dort in den verwaisten Gemeinden zu helfen. Schon bald wurde die Gemeindearbeit immer schwieriger und Choe sattelte um. Er wurde Lehrer an einer Regierungsschule; tat nebenher aber immer noch, so viel er konnte, für die Gemeinde. Obwohl sein Herz nie besonders innig für den Schulberuf schlug, war er doch ein guter, angesehener Lehrer. Gerade das aber sollte ihm zum Verhängnis werden. Als die Roten Garden auch durch die Straßen von Kanton zogen, wurde er aus der Schule herausgezogen und unter dem Gejohle der Jugendlichen durch die Straßen getrieben. Nur mit Mühe entkam er ihrer Brutalität.

Wochenlang verbarg er sich und fand schließlich unter falschem Namen und mit gefälschter Identität Arbeit bei einem Freund in einer kleinen Fabrik. Darüber ist seine Seele zerbrochen. Nach dem Ende der Kulturrevolution begann er mit dem bis dahin verbotenen Mah-Yong-Spiel und verspielte seine kleine Geldreserve. Spielsüchtig geworden versuchte er, auch an das Gehalt seiner Frau zu kommen. Dabei verwirrte er zusehends. Am Ende saß er nur noch entrückt starrend in seinem Stuhl und ließ die Welt wie ein fernes Geschehen an sich vorüberziehen.

Die ganze Familie litt sehr unter dem Verfall Choe Weng Chungs und seinem traurigen Schicksal. Aus dem Süden eilte sein jüngerer Bruder mit seiner Frau Shoi Yen zu Hilfe, Choe zu pflegen. Sie verlegten ihren Wohnsitz von Beihai nach Guangzhou; natürlich auch um die besseren Arbeitsmöglichkeiten der Stadt zu nutzen, als das nach der Kulturrevolution möglich wurde.

Shoi Yen hat zwei Kinder. Ihre Tochter Choe San wurde 1960 geboren. Nach der Schulzeit ging sie als Verkäuferin in ein großes Geschäft. Am liebsten würde auch Choe San China verlassen, sieht aber keine Chance herauszukommen.

Sehr viel konkretere Pläne hatte ihr drei Jahre jüngerer Bruder Choe Fung. An beiden Kindern war die Kulturrevolution in ihren Kindheitstagen vorbeigezogen. Sie gehören der neuen, nachrevolutionären Generation an, die große Pläne schmiedet. Choe Fung wurde Techniker und träumte davon, im Ausland Computertechnik zu studieren. Er hatte dafür bereits sehr konkrete Schritte unternommen, seine gesamten Ersparnisse zusammengekratzt und in einen Sprachkurs in Australien investiert. Ende 1989 sollte er nach Australien aufbrechen. Am 4. Juni desselben Jahres wurden auf dem Tian-Anmen in Peking seine Pläne genauso von den Panzern niedergewalzt wie die Studenten dort selbst. Die Regierung verhängte eine absolute Sperre für alle Auslandsstudien; nur Leute mit einer längeren Berufskarriere hatten noch eine Chance, nach Zustimmung der Partei und ihrer Betriebskader einen

Auslandsaufenthalt genehmigt zu bekommen. Choe Fung verlor nicht nur die Hoffnung auf eine bessere Zukunft, sondern auch seine gesamten Ersparnisse, die er bereits nach Australien überwiesen hatte. Der Kurs fand ohne ihn statt - und seine Träume sind in der alltäglichen Wirklichkeit Chinas begraben.

Auch **Lu Dak** war gekommen, Leungs frühere Verlobte, jetzt verheiratet mit dem Doktor Teng in Nanning, der Provinzhauptstadt der Autonomen Provinz Guangxi. Dr. Teng hatte dort einen leitenden Posten im Ersten Regierungshospital. Lu Dak war sehr schweigsam über die Jahre der Kulturrevolution; ihr Mann hatte jetzt seinen alten Posten im Krankenhaus wieder erhalten und wollte den wohl nicht aufs Spiel setzen. Lu Dak selbst arbeitete noch als Krankenschwester mit, stand allerdings damals kurz vor der Pensionierung.

Ihr ganzer Stolz war die einzige Tochter Teng Wei-Ying, die sich nach ihrem Medizinstudium auf die Kardiologie spezialisiert hatte. Ende der achtziger Jahre bewarb sich Wei-Ying um ein Auslandsstipendium und mußte 1989 wegen der politischen Ereignisse auch ihre Wünsche vorerst begraben. Sie arbeitete weitere Jahre im Hospital von Nanning. Nach einer Fünf-Jahres-Frist wurde sie erneut von ihrer Einheit, der Danwei, und der Partei für ein Auslandsstipendium vorgeschlagen. Sicherlich hatten auch die guten Kontakte ihres Vaters dieses positive Votum gefördert.

Teng Wei-Ying, aus einem christlichen Elternhaus stammend, versuchte, gegenüber den staatlichen Stellen religiös neutral zu bleiben. Bewußt ließ sie sich nicht taufen, sondern trat der kommunistischen Jugendbewegung bei. Innerlich war sie von der Religiosität ihres Elternhauses tief geprägt.

Auf Anraten ihres 'Onkels' Leung wandte sie sich an das Nordelbische Missionszentrum in Hamburg und bat um ein Stipendium in Deutschland. Sie wollte sich in ihrem Spezialfach, Kardiologie, weiter qualifizieren. Neben ihrem Onkel setzte sich auch die Kirchengemeinde in Nanning, namentlich der Distrikt-

Lu Dak mit ihrem Mann Dr. Teng in Nanning, 1994

Die Tochter, Dr. Teng Wei-Ying, mit ihrem Mann.

präsident Yu befürwortend für Wei-Ying ein. Während die Verhandlungen für das Stipendium liefen, heiratete Wei-Ying einen jungen Elektroingenieur. Das NMZ konnte ihr einen Studienplatz beim Studentenwerk in Bochum vermitteln und ihr eine Spezialausbildung für Kardiologie am Augusta-Krankenhaus in Essen zusagen. Die chinesischen Behörden gaben endlich ebenfalls ihre Zustimmung, so daß alles auf das Visum der deutschen Botschaft in Peking ankam.

Daß staatliche Behörden lange Fragebögen in fünffacher Ausführung verlangen, ist den Chinesen nicht fremd. Daß die deutschen Unterlagen aber noch gründlicher und ausführlicher waren, bereitete der Familie Teng Beschwer. Aber sie bissen sich durch. Dann mußte sich Wei-Ying auf den weiten Weg nach Peking machen; 2000 Kilometer liegen zwischen ihrem Heimatort Nanning und der Hauptstadt in Mittelchina. Eine solche Reise ist mit großem Aufwand und erheblichen Kosten verbunden. Aber die deutschen Behörden verlangen, daß jeder Visumsantrag durch ein persönliches Gespräch auf der Botschaft in Peking oder dem Konsulat in Shanghai ergänzt werden muß. Dort prüft ein junger deutscher Beamter, der selbst keine Chinakenntnisse hat, geschweige denn die Sprache versteht, ob der Studienantrag ernst gemeint ist oder es sich in Wirklichkeit um eventuelle Wirtschaftsflucht handelt.

Bei Wei-Ying lagen die Fakten glasklar auf dem Tisch, das Stipendium war bereits bewilligt; sie hatte beste Reverenzen aus China wie aus Deutschland - und wurde von der Botschaft abgewiesen, natürlich ohne Begründung. Wei-Ying war verzweifelt, daß nach so vielen Jahren des Hoffens ausgerechnet die deutschen Behörden ihr den Weg versperrten. Sowohl das Studienwerk Bochum, als auch das Nordelbische Missionszentrum intervenierten und protestierten gegen das illegale Handeln der Deutschen Botschaft in Peking; sie hatten nicht einmal in Bochum geprüft, ob dort die Ausländerbehörde bereits eine Zusage erteilt hatte. Erst aufgrund dieser massiven Intervention und unter Androhung einer Klage lud die Botschaft Wei-Ying zu einem zweiten Besuch nach Peking und erteilte das ersehnte Visum. Deutlicher kann die ausländerfeindliche Politik der Bundesregierung Mitte der neunziger Jahre wohl kaum demonstriert werden.

Teng Wei-Ying hat ihren Aufenthalt in Deutschland mit gutem Erfolg abgeschlossen und ist in die Volksrepublik China zurückgekehrt. Ob sie dort bleiben wird, ist allerdings äußerst fraglich. Ihr Mann hat in Australien eine Prüfung als Computertechniker erfolgreich bestanden und möchte sich mit Hilfe eines Vetters in Sydney niederlassen. Mit Sicherheit wird seine Frau dorthin folgen - und damit das bestätigen, wovor sich die chinesische Regierung immer fürchtet: nur ein kleiner Bruchteil der Auslandsstipendiaten kehren schließlich nach China zurück. Die meisten benutzen ihre Auslandserfahrungen, um sich möglichst aus China abzusetzen.

Auch **Fung Yan** aus Zhanjiang stand mit in Guangzhou am Bahnhof, Leung abzuholen. Sie hatte mit Paulsens die Internierungsjahre in Lok Cheung verbracht, um ihnen dort zusammen mit Tsan Ying zur Hand zu gehen. Erst nach dieser Zeit konnte sie mit Hilfe von Freunden in Kanton eine Hebammenausbildung machen und nach der Befreiung zurück nach Beihai gehen. Während sie dort am Krankenhaus arbeitete, lernte sie einen Soldaten aus Peking kennen und heiratete ihn. Nach seiner Armeezeit fand der Mann einen Arbeitsplatz in einer Einheit in Zhanjiang, auf einer Großwerft. Die Familie ließ sich daraufhin dort nieder. Fung Yan bekam zwei Kinder, was beinahe zum Verlust des Arbeitsplatzes ihres Mannes und zum Ausschluß aus der Einheit führte. Sie waren der Aufforderung der Kader zur Abtreibung des zweiten Kindes nicht nachgekommen.

Das Leben der meisten Menschen in China heute findet seinen Raum in der Einheit, der Danwei, wie es im Chinesischen heißt. Vielleicht ist dies die weitreichendste und genialste Erfindung der chinesischen Kommunisten - die Verlängerung der traditionellen

Großfamilie. Menschen werden in eine Danwei hineingeboren, finden dort ihre Ausbildung und Arbeit, schließlich Altersversorgung und endlich ihre Beerdigung. Die Danwei ist alles: Lebens- und Versorgungsgrundlage, Kranken- und Altersversicherung. Sie bietet Arbeit, Wohnraum, ist ein kleiner Kosmos in sich.

Umgeben ist die Großwerft, wo Fung Yans Mann arbeitet, von einer riesigen Mauer mit drei Zugängen, die Tag und Nacht bewacht sind. Keiner kommt in die Einheit hinein oder kann sie verlassen, ohne daß dies wahrgenommen und verzeichnet wird. Neben den Wohnblocks gibt es ein riesiges Clubgebäude, in dem so gut wie alles untergebracht ist, was neben Arbeit und Wohnen zum Leben gehört: eine große Krankenstation, Kino, Theater, ein überdimensionaler Supermarkt mit einem reichhaltigen Warenangebot. Die Danwei hat eine eigene Grund- und Mittelschule. Theoretisch braucht ein Mensch nie die vier Mauern der Danwei zu verlassen; für alles ist in der Einheit gesorgt.

Sogar die Besucher werden in diesen abgeschlossenen Kreislauf integriert. Als Leung später einmal seine Schwester besuchen wollte, konnte sie ihn mit dem Kleinbus der Einheit vom Bahnhof abholen lassen. Als besonderem Gast bot ihm die Einheit sogar eine Stadtführung an.

Das Versorgungssystem der Einheit ist vorbildlich und bis aufs letzte durchdacht. Es wird aber zu einem nahezu unmenschlichen System, wo es tief in die Privatsphäre des einzelnen hineinreicht. Wenn etwa ein junger Mann einer Danwei heiraten will, so muß er einen Antrag beim Kollektiv der Einheit stellen. Erst mit dessen Genehmigung darf ein Mitglied eine Ehe eingehen - und das wiederum hängt davon ab, ob diese Danwei noch Spielraum in dem ihr vom Kreis zugeteilten Eheschließungskontingent hat.

Diese "Bevormundung" geht weiter, wenn ein jung verheiratetes Paar sein Kind haben möchte. Wiederum hat jede Einheit pro Jahr ein gewisses Kontingent an Kindern; notfalls kann es per Anordnung den Paaren zugeteilt werden. Bekommt ein Paar außer-

Mutter mit ihrem Kind -die Ein-Kind-Familie!

planmäßig ein Kind, nimmt es damit automatisch einem anderen die Möglichkeit - obwohl die vielleicht gerade "dran" waren. Nach der strengen Ein-Kind-Politik ist es nahezu unmöglich, ein zweites Kind genehmigt zu bekommen.

Diese Politik hat die chinesische Regierung landesweit zum absoluten Prinzip erhoben: jede Familie nur ein Kind. Nur so hofft man, dem ungebremsten Bevölkerungswachstum Herr zu werden. Die Bevölkerungsexplosion hatte über Jahre jegliches Wirtschaftswachstum relativiert und das Bruttosozialprodukt sogar rückläufig erscheinen lassen. Mit harter Konsequenz versucht man, durch Bevölkerungskontrolle über die Einheiten das Problem in den Griff zu bekommen.

Hält sich eine Familie nicht an das Ein-Kind-Prinzip, so gerät besonders die Frau unter schwersten psychischen und sozialen Druck. Sie muß das Kind abtreiben, andernfalls riskiert sie ihren Arbeitsplatz, den des Mannes - und damit sämtliche soziale Absicherung der Familie schlechthin. Da oftmals Schwangerschaften erst in fortgeschrittener Zeit sichtbar werden, ist eine Abtreibung bis zur Geburt hin erlaubt; sie sollen noch im sechsten und siebten Monat vorgenommen werden.

Fung Yan hat trotz all dieser Repressalien ein zweites Kind ausgetragen. Da sie selbst im Krankenhaus der Einheit nahezu unabkömmlich war und ihr Mann einen wichtigen Posten auf der Werft hatte, kamen sie mit einer Verwarnung davon. Sie müssen monatlich 50 Yuan an ihre Einheit zahlen - als Entschädigung für ihr gesellschaftsschädigendes Verhalten. Das ist bei knapp 500 Yuan Monatseinkommen eine fühlbare "Bestrafung".

Das Ein-Kind-Prinzip ist in einem Land wie China mit seinen Bevölkerungsproblemen durchaus verständlich, nicht jedoch die Art und Weise, wie es durchgesetzt wird. Dadurch wird es zu einem unmenschlichen System und führt zu einer unerhörten Einschränkung der Freiheit des Individuums. Gerade aber solche Einwände sind den Chinesen völlig unverständlich, da nach ihrer Argumentation stets das Individuum sich dem Allgemeinwohl unterzuordnen hat. Das gilt auch im Bezug auf die Menschenrechte und individuellen Freiheiten.

Es ist daher kaum verwunderlich, wie sehr die Kinder in den einzelnen Familien heute umsorgt und verwöhnt werden. Man spricht von den 'neuen Kaisern Chinas'. Stets stehen sie im Mittelpunkt, gerade auch bei Familienfesten. Ihnen werden geradezu zügellose Freiheiten zugestanden: 'Unser Kind soll es besser haben als wir!'

In der Bevölkerungsstatistik fällt auf, daß wesentlich mehr Jungen als Mädchen geboren werden. Mit den Mitteln moderner Medizin läßt sich relativ früh feststellen, ob der erwartete Nachwuchs männlich oder weiblich ist. Da im traditionellen Denken die Familie ihren Fortbestand nur über die Männer sichern kann, werden in erhöhtem Maße Mädchen abgetrieben. Bisher wirkt sich das Problem noch nicht auf die Bevölkerungsbalance aus; aber das zeichnet sich ab.

Ebenso dämmert am Horizont ein anderes, noch viel gravierenderes Problem: die Bevölkerungspyramide dreht sich langsam um. Immer weniger junge Menschen müssen für die Versorgung von immer mehr alten Menschen aufkommen und deren Versicherungsleistungen tragen.

Während in den Städten, in den Danweis eine nahezu lückenlose Durchführung des Ein-Kind-Prinzip garantiert ist, wächst die Bevölkerung auf dem Lande immer noch fast unkontrolliert. Einem Bauer, der seine eigene Scholle beackert, ist jede Hand zur Arbeit ein Zugewinn. Sanktionen gegen den Bauern sind schwer durchzuführen. Deswegen begegnet man auf dem Lande Familien mit zwei und mehr Kindern - und sie lassen die Bevölkerungsstatistik Chinas bis heute Jahr um Jahr ansteigen. Familien aus den ethnischen Minderheiten ist es sogar von Staats wegen erlaubt, mehr als ein Kind zu haben.

Einige Jahre nach dem ersten Geschwistertreffen in Kanton erkrankte Fung Yan an Krebs. Sie wurde im Krankenhaus der Einheit behandelt, während ihre Kinder im Hort versorgt waren und ihr Mann in der Kantine beköstigt wurde. Als Fung Yan starb, richtete die Einheit ihre Bestattung aus - Verbrennung, wie es heute in China üblich ist. Die Urnen werden in großen Urnenwänden sichtbar aufbewahrt. Seit dem Tod der Mutter sorgt die Einheit für die Erziehung der Kinder und wird einmal die Altersversorgung des Mannes regeln.

Die Kontakte der Familie mit den übrigen Geschwistern Fung Yans sind seitdem nahezu abgebrochen.

Ebenfalls aus dem Süden war **Tsan Ying** herbeigeeilt, die jüngste der Pflegetöchter der Paulsens. Sie war die Tochter des Predigers Tam Man Fong, eines Schwiegersohnes von Lee Matai. Als die Mutter niederkam, brachte sie Zwillinge zur Welt. Im alten China wäre das Problem sehr einfach zu lösen gewesen; normalerweise wurde das schwächere Kind unmittelbar nach der Geburt getötet. Daß dies bei Christen anders zu handhaben ist, war allen klar. Aber die Mutter war so schwach, daß sie unmöglich beide Kinder ernähren könnte und die Familie so arm, daß sie sich keine Amme leisten konnte. Also baten sie Paulsens um Hilfe; Tsan Ying wurde bei ihnen aufgenommen und in den ersten Monaten nach der Geburt mit Ziegenmilch ernährt. Dadurch entwickelten Paulsens eine besondere Beziehung zu diesem Kind; es war wie ihr eigenes. Tsan Ying teilte auch gemeinsam mit Fung Yan die Internierungszeit der Paulsens in Lok Cheung.

Für Tsan Ying war die Trennung von Mutter und Vater Paulsen wie der Verlust der eigenen Eltern. Nach dem erzwungenen Weggang der beiden 1950 sehnte sie sich nach Geborgenheit und fand sie bei einem Offizier der chinesischen Volksarmee, der zu einer ethnischen Minderheit gehört. Sie heirateten und blieben im Süden Chinas leben; die Familie hat drei Kinder, eine Tochter und zwei Söhne. Alle Freude an den Kindern wurde verdunkelt, als der ältere Sohn wenige Monate vor seiner Heirat erblindete. Offensichtlich geht eine Erbkrankheit in ihrer Familie um, denn auch der zweite Sohn erkrankte kurz darauf an den Augen, und obwohl sie alles Geld, das sie hatten, für die Ärzte investierten, konnte man seine Erblindung nicht verhindern, sondern nur hinauszögern.

Nicht gekommen war Leungs älteste Paulsen-Schwester **Yan Oi**, die vor der Befreiung gemeinsam mit Lu Dak in Chonqing als Krankenschwester gearbeitet hatte. Sie hatte dort einen Mann aus Nordchina kennengelernt und ist mit ihm in die Mandschurei gezogen. Dort lebt sie noch heute mit einer großen Schar von Kindern und Enkelkindern. Der Kontakt zu ihr ist wegen der weiten Entfernung nahezu abgebrochen, der Norden Chinas ist von Beihai so weit entfernt wie Afrika von Norwegen.

Vieles von dem, was hier erzählt ist, lag 1979 noch in der Zukunft; aber anhand dieser kurzen Lebensbilder der "Geschwister" Leungs und deren Familien kann man einen Blick hinter die Türen der Häuser in China tun und einen Eindruck vom Leben dort gewinnen.

Das Tor, Eingang zu einer Danwei, rechts das Pförtnerhäuschen

Die Straße zur Dongshan-Kirche in Guangzhou, wo das Union Theological College untergebracht ist. Rechts und links die typischen Mauern einer Einheit.

13. Der Neubeginn für die Kirche und ihre Gemeinden

Durch die Kulturrevolution war nahezu jede Entwicklung in China zum Stillstand gekommen, ja in vielen Bereichen sogar ein Rückschritt zu verzeichnen. Besonders in den Städten war das augenfällig. Die Häuser, zum Teil von den Kolonialherren sehr prunkhaft gebaut, verfielen zusehends; neue Gebäude waren nicht hinzugekommen. Die einzige Ausnahme im trüben Einerlei machte Kanton, jetzt Guangzhou, das stets Messestadt geblieben war und - wenn auch in ganz begrenztem Umfang - ein Schaufenster zum Westen sein sollte. Für Leung war es immer wieder das "Einfallstor" zu China - wie für die meisten westlichen Besucher oder Auslandschinesen, die von Hongkong kommen. Guangzhou hatte stets einen Sonderstatus, sowohl während der Kolonialgeschichte als auch unter kommunistischer Herrschaft. Man spürt heute noch in der Stadt am Perlenfluß den Flair der vornehmen Weltmetropole. Hier hatten sich die Kolonialherren, vornehmlich die Engländer, auf der Shamian-Insel ein besonderes Refugium geschaffen, dessen Betreten neben den Weißen nur ihren chinesischen Bediensteten gestattet war. Die vornehmen Villen lassen noch heute ahnen, welcher Lebensstil dort einmal herrschte.

Wie für die Regierungsleute war Kanton auch den Missionen ein Ort von zentraler Bedeutung. Viele hatten sich hier niedergelassen und arbeiteten von hier nach China hinein. So gab es eine große Zahl von protestantischen Missionen in der Stadt mit ihren Kirchen, Schulen, Krankenhäusern und anderen sozialen Einrichtungen. Für die Katholiken war Kanton Bischofssitz für das südliche China.

Auch die Berliner Mission hatte hier mehrere wertvolle Grundstücke, am markantesten das entlang dem Perlenfluß fast im Zentrum der Stadt gelegene. Hier unterhielt sie neben anderen

Einrichtungen eine Ausbildungsstätte für chinesische Mitarbeitende. Als die Kommunisten mit der Befreiung die Ausländer vertrieben, wurden viele ihrer Grundstücke sofort konfisziert, andere folgten Jahre später. In den Jahren der Kulturrevolution wurde endlich sämtlicher Besitz enteignet.

Bei seinen Reisen und Aufenthalten in Guangzhou stattet Leung stets beim Christenrat und der Drei-Selbst-Bewegung der Stadt und der Provinz einen Besuch ab. Besonders liegen ihm die Kontakte zum Union Theological College am Herzen mit seinem Leiter, Prof. Harold Huang, einem alten Freund.

Das College hat heute längst wieder seinen Lehrbetrieb als Ausbildungsstätte für Pastoren aufgenommen und beherbergt zur Zeit vierzig Studentinnen und Studenten, beide Gruppen etwa gleich stark vertreten. Prof. Huang berichtete Leung, daß das Seminar erst 1960 seine Tore schließen mußte; also noch über zehn Jahre nach der Befreiung Chinas weiter existierte. In besagtem Jahr wurde es allerdings dann doch von den Kommunisten geschlossen und in eine Jugendgruppenleiterschule für die staatliche Jugendarbeit umfunktioniert. Guangzhou ist die Stadt der christlichen Kirchen; überall sah man früher ihre Gebäude in der Silhouette des Häusermeeres hervorleuchten. Bis in die Jahre der Kulturrevolution blieben viele geöffnet. Aber dann traf auch sie der allgemeine Volkszorn; sie wurden wie anderswo in Fabrikhallen, Lagerschuppen oder ähnliches umgewandelt oder auch einfach abgebrochen. Guangzhou gehörte nach dem Abebben der akuten Revolutionsphase zu den ersten Orten in China, wo wieder eine christliche Kirche eröffnet werden durfte. Es war die große Dongshan-Kirche, die bereits 1979 wieder einer zaghaften Gemeinde für öffentliche Gottesdienste zur Verfügung stand.

Mit großem Nachdruck begannen sich die Pastoren und einige engagierte Gemeindeglieder schon sehr bald auch für die Wiedereröffnung eines Theologenseminars in Guangzhou einzusetzen. Der Komplex der Dongshan-Kirche bot sich dazu an. Die Verhandlungen mit der Regierung zögerten sich jedoch bis 1986 hinaus, bevor die ersten Studenten wieder ins Seminar einrücken konnten. Bis 1995 waren 143 Pastorinnen und Pastoren in einem Zweijahres-Programm am neuen Union Theological College ausgebildet worden. Sie sollen helfen, den chronischen Pastorenmangel in den Gemeinden zu mildern und junges Blut in die Pastorenschaft zu bringen.

Die Studier- und Unterbringungsmöglichkeiten bei der Dongshan-Kirche sind äußerst beengt und bescheiden. Trotz ausländischer Hilfe hat sich auch in den letzten Jahren nichts daran gebessert.

Die Fakultät pokert offensichtlich mit dem Gedanken, den staatlichen Stellen deutlich zu machen, daß die Arbeitsmöglichkeiten in Dongshan völlig unzureichend sind. Die Kirche hofft, auf dem Gelände am Perlenfluß wieder ein großes, angemessenes Seminar ausbauen zu können, und hat dafür Rücklagen gebildet. Wie schnell sich das aber verwirklichen lassen wird, konnte niemand Leung verbindlich sagen.

Guangzhou hat heute acht große evangelische Kirchen neben der katholischen Bischofskathedrale. Die meisten Kirchen sind teilweise in Eigenarbeit von den Pastorinnen und Pastoren mit ihren Gemeinden renoviert worden und laden mehrmals in der Woche zu Gottesdiensten und Veranstaltungen ein. Grundsätzlich hat jede Kirche kleinere Gottesdienste an den Samstagen (der ehemals adventistischen Tradition folgend); Sonntags sind die meisten überfüllt und müssen zwei bis drei Gottesdienste anbieten.

In Guangzhou gibt es eine der großen Pioniereinrichtungen der Drei-Selbst-Kirche, die nach der Kulturrevolution entstand: das Agape Social Centre mit einem großen Kindergarten für behinderte Kinder. Nach kommunistischer Doktrin darf es Behinderte nur im dekadenten Westen geben; in der sozialistischen Gesellschaft dagegen existiert das Problem nicht. Demzufolge müssen Eltern oft ihre behinderten Kinder verbergen und haben keine Möglichkeiten, ihnen eine besondere Förderung zukommen zu lassen. Im Gegenteil, die staatlichen Stellen verwehren ihnen den Zugang zu den normalen Schulen.

Den Pastoren in Guangzhou war aufgefallen, daß es bei jungen Familien eine große Anzahl meningitisgeschädigter Kinder gab, die ohne dezidierte fachgerechte Betreuung dahinvegetierten. So eröffneten sie 1986 einen Kindergarten speziell für behinderte Kinder und ließen das Personal teilweise im Ausland dafür schulen. Der Kindergarten ist mit westlicher Hilfe vorbildlich ausgestattet. Die pädagogische Arbeit, die dort geleistet wird, war so überzeugend, daß bald staatliche Stellen eigenes Personal in das Agape Social Centre schickten, um sie dort ausbilden zu lassen. Der Ruf dieser Einrichtung geht heute weit über die Grenzen Guangzhous hinaus.

So hat Guangzhou in seiner langen politischen, aber auch kirchlichen Geschichte stets eine Sonderstellung gehabt. Es ist stets die "Stadt auf dem Berge" gewesen, wo immer mehr investiert wurde als an all den anderen Stellen im Lande. Die vielen westlichen Besucher, die hier durchkommen - Messebesucher, Touristen, Gäste - haben ihre Spuren hinterlassen. Sehr anders sieht es dagegen noch im Süden aus.

In Beihai und Hepu, in Qinzhou und Nanning und wie die Städte in der Provinz Guangxi heißen, war nichts von solchen Entwicklungen zu spüren; eher war da Verfall angesagt. Um so erstaunlicher die Bewegung, die Anfang der achtziger Jahre mit der neuen Öffnung Chinas einsetzte.

Leung war seit 1979 nahezu jedes Jahr in der Volksrepublik, hauptsächlich im Süden zu Besuch. Manches Jahr war er sogar mehrfach unterwegs, besonders wenn er Gäste aus Übersee als Dolmetscher zu begleiten hatte - und er tat das immer wieder gern, ermöglichte es ihm doch ein Wiedersehen mit seinen Verwandten und Freunden. Es gab ihm die Möglichkeit, manches an Hilfe über die Grenze in den Süden zu bringen. Immer fuhr er vollbeladen von Hongkong los; aber er kehrte auch vollbeladen wieder zurück. Kleidung und Bücher, Geräte aller Art füllten seine Koffer und Beutel auf dem Weg hin; getrocknete Sandwürmer und andere Delikatessen aus dem Süden, Pilze und chinesische Süßigkeiten füllten sie auf dem Rückweg.

Überall erzählten die Leute von den schweren Jahren der Kulturrevolution, ihrem eigenen Schicksal, den Peinigungen, Verfolgungen, den Foltern und Qualen. Anfangs klang das sehr verstohlen, hinter der vorgehaltenen Hand nur ein Flüstern; im Laufe der Jahre immer offener, sogar den ausländischen Besuchern gegenüber. Die Angst wich der Offenheit.

1982 kam Leung zum erstenmal wieder in seine direkte Heimat nach Pakhoi/Beihai. Es gab damals keine direkte Verbindung von Kanton in den Süden, sondern lediglich eine Buslinie mit vielen Zwischenstationen. Zwei Tage und eine Nacht dauerte die Reise auf teilweise abenteuerlichen Straßen.

Chinesische Busfahrer benehmen sich, als gehöre die Straße ihnen allein, und fahren mit abenteuerlichem Tempo über Stock und Stein, besonders wenn es bergab geht, der Gang herausgenommen wird und das Fahrzeug frei rollen kann. Natürlich beanspruchen sie stets die Straßenmitte, den einzigen Abschnitt, der meist noch einigermaßen befahrbar ist. Bei Gegenverkehr werden die Nerven des Gegners getestet, indem man unbeirrt direkt auf ihn zuhält, um erst in letzter Sekunde mit einem Ausweichmanöver den sicheren Zusammenstoß zu verhindern. Es ist ein großer Segen, daß die Verkehrsdichte in China, besonders im Süden, nicht allzu groß ist - sonst käme man auf einer solchen Tour wie der von Kanton nach Beihai sicherlich nicht ohne mehrfachen Atemstillstand über die Runden.

Beihai sah 1982 ziemlich trostlos aus; man spürte den Menschen die Angst vor den nahezu allgegenwärtigen Beamten an. Natürlich war Leungs Besuch von den Behörden nicht als Privatangelegenheit, sondern fast wie eine Staatsaffäre eingestuft. Jeder Schritt wurde beobachtet und jedes gesprochene Wort verzeichnet; zumindest mußte man immer damit rechnen. Das machte manche Gespräche sehr schwerfällig, weil man merkte, wie die anderen etwas sagen wollten, was sie nicht sagen konnten.

Auffallend waren damals schon die Fremden in der Stadt, Chinesen aus dem Norden, die hier nach Brot und Arbeit suchten und offensichtlich auch fanden. Sie beäugten argwöhnisch die Einheimischen und wurden selbst nicht minder argwöhnisch von diesen behandelt. Sie waren die Vorboten eines unglaublichen Aufschwungs, der das Gesicht besonders von Beihai in den nächsten fünfzehn Jahren völlig verändern sollte.

Bei dem ersten Besuch in seiner Heimat traf Leung den alten Pastor Cheung wieder, der damals noch in einem Haus der früheren katholischen Mission lebte. Die evangelischen Kirchen waren noch nicht wieder eröffnet, es gab noch keine Gemeinde, die sich regelmäßig traf. Cheung berichtete von all den Qualen während der Kulturrevolution und wie darüber die Gemeinde zerbrochen bzw. in den Untergrund gegangen war. Keiner konnte damals sagen, wie viele Christen es noch in Beihai oder einem der umliegenden Orte geben mochte.

1983 war Leung erneut in Beihai, dieses Mal in Begleitung zweier wichtiger Besucher aus Nordelbien, dem ehemaligen Missionsdirektor Dr. Martin Pörksen und seinem Sohn Jens-Hinrich. Für Dr.Pörksen war es der erste Besuch in dem Land, für das er sein Leben lang gebetet und mit dem er sich immer verbunden gefühlt hatte. Mit dem Zug waren sie bis Kanton gefahren und hatten dort viele wichtige Begegnungen. Der rührigen Yan Lin war es zu verdanken, daß sie einen Kleinbus mit Fahrer, einem Bekannten Yan Lins, bekamen und damit von Kanton in einer abenteuerlichen Tour Tag und Nacht nach Beihai in den Süden fahren konnten.

Beihai war damals schon eine "offene" Stadt, d.h. westliche Besucher durften offiziell dorthin. Aber die Beherbergungsmöglichkeiten und das gesamte Umfeld waren noch nicht auf ausländische Besucher eingestellt. Die Pörksens mußten in der alten französischen Botschaft übernachten, den repräsentativsten und am besten erhaltenen Gebäuden im Ort; jedoch ohne Bad und fließend warm Wasser. Offiziell diente der Komplex als Gästehaus für die Regierung; und so war der Besuch auch eingestuft. Trotzdem mutete alles äußerst primitiv an, besonders für Besucher, die aus den großen Hotels Hongkongs kamen - Welten lagen dazwischen. Heute kann Beihai mit seinen modernen Hotels durchaus mit der Hongkonger Mittelklasse in Konkurrenz treten.

Die Begegnungen damals zwischen Dr. Pörksen und seinem Sohn mit Freunden aus der alten Breklumer Arbeit, mit Gliedern der neu erblühenden Gemeinde und der sich bildenden Drei-Selbst-Kirche waren äußerst bewegend. Auch für die Gemeindeglieder in Beihai und den anderen Orten war dies die erste Begegnung mit ausländischen Christen nach einer langen Zeit des Getrennt- und Abgeschiedenseins. Die Pörksens haben darüber in einer kleinen Schrift der Breklumer Reihe unter dem Titel: "Verfolgt, aber nicht verlassen" berichtet.

Auch 1983 gab es noch keine Kirche oder keinen Gemeinderaum in Beihai. Die Treffen mit Pastor Cheung und Pastor David Chan und anderen Gemeindegliedern fanden in verschiedenen Wohnungen statt oder einfach im Zimmer der Gäste im Hotel.

Anders als Beihai war Hepu damals noch keine offene Stadt für ausländische Besucher. Aber trickreich wie er ist, ließ Leung den Fahrer des Autos auf einem Umweg über Hepu zurück nach Kanton fahren. Man hatte vorher die Gemeindeglieder benachrichtigt, so daß sie an der Straße warteten. Pörksens blieben im Auto sitzen, an dem wie eine Traube mit strahlenden Gesichtern die Christen aus Hepu und Umgebung hingen; sicherlich kein ganz alltägliches Geschehen.

Für Leung waren solche Begegnungen sehr viel einfacher, da er nicht auf den ersten Blick als Ausländer auszumachen war. Aber auch er versuchte sich stets so zu verhalten, daß niemand der Gastgeber gefährdet wurde.

Die Jahre der Kulturrevolution, so bedrängend sie für die einzelnen Menschen und Christen waren, hatten für die Gemeinden im Süden Chinas auch manche Vorteile. Auf jeden Fall förderten sie die Verschmelzung der einzelnen Konfessionsgemeinden zu der einen Drei-Selbst-Kirche, einer Gemeinschaft, die sich selbst unterhält, sich selbst verwaltet und selbst ausbreitet.

Nach Leungs Erinnerung war dies ursprünglich eher eine Bewegung an der Spitze gewesen; sie war in Nanjing und Shanghai, dem Sitz der Kirchenleitung heute, entstanden. Von dort - also von oben nach unten - hatte sie sich in die Provinzen fortgesetzt, von Nanjing nach Nanning. Erst als die Gemeinden all ihren Besitz verloren hatten und praktisch bei Null wieder neu anfangen mußten, fand die Verschmelzung der einzelnen protestantischen Gruppierungen nahezu automatisch statt. So fingen nun nicht die Anglikaner und Lutheraner, die Baptisten und die Adventisten an, ihre eigenen kleinen Kirchen und Gemeinden für sich wieder aufzubauen, sondern die Christen, die Jesus nachfolgten, trafen sich zu gemeinsamem Handeln, zu gemeinsamem Gebet und Gottesdienst. Die einen konnten dabei die anderen befruchten, freudig konnte man voneinander lernen. Zu viel hatte jeder einzelne für sich verloren, als daß sie wiederum in Konkurrenz zueinander treten wollten. Sie mußten ihre Kräfte konzentrieren und gemeinsam Hand anlegen, um ihre Zukunft zu sichern.

Alle kirchlichen Grundstücke und Gebäude waren enteignet worden. So hatten die Christen keinen Ort, sich zu versammeln als allein die sehr engen eigenen Wohnungen. Nur zögerlich fanden sie den Mut zu solchen Treffen; die grausamen Jahre der Verfolgung saßen ihnen noch allzu lebendig im Nacken. Mißtrauisch argwöhnten sie, die neue Offenheit sei nur ein Trick der Behörden, um ihrer endgültig habhaft zu werden. Womöglich sollten ein für alle Mal alle treugebliebenen Christen aus dem Verborgenen hervorgelockt werden.

Im Laufe der Jahre wurde durch Gesetzgebung von höchster Stelle verfügt, daß beschlagnahmter Besitz zurückzugeben oder eine angemessene Kompensation zu zahlen sei. Aber gerade hier gab es großen Verhandlungsspielraum. Allzu oft waren die kirchlichen Gebäude mittlerweile zu Parteizentralen geworden oder dienten für andere Regierungszwecke. In vielen wohnten die neuen privilegierten Kader. Die Anwesen lagen meistenteils in besonders schöner und zentraler Lage und gefielen den Parteisekretären ebenso gut wie den früheren Missionaren. Daher war und ist es nahezu unmöglich, diese Grundstücke zurückzufordern, wohl aber waren die Kader oft bereit, Ersatzgrundstücke zur Verfügung zu stellen. Allerdings mußten die Gemeinden erst einen Bedarf nachweisen, d.h. eine Gemeinde mußte bereits Gottesdienste halten und räumlich so beengt sein, daß sie plausibel machen konnte, daß sie wirklich ein großes Kirchengebäude benötigt. Diese Nachweispflicht belastete die Gemeinden ungeheuer, denn solange sie keine angemessenen Gebäude hatten, konnten sie sich praktisch kaum als Gemeinden etablieren. So drehte sich das Ganze im Kreis, ohne daß ein schnelle Lösung in Sicht war. Die Regierungen in Stadt und Land wollten auf diese Weise verhindern, daß Kirchen den wertvollen Grundbesitz zurückbekamen und eventuell als Spekulationsobjekte benutzten - so wie sie es selbst nur allzu oft taten.

Pastor Cheung und Pastor David Chan hatten es schwer, in Beihai wieder eine Gemeinde zu sammeln, die groß genug war, um Druck auf die staatlichen Stellen auszuüben. Das alte Missionsgrundstück der Breklumer im Herzen der Stadt war Polizeihauptzentrale geworden und von daher unantastbar. Nach längerem Ringen erklärte sich das staatliche Religionsbüro jedoch bereit, für die Christen ein angemessenes Ersatzgrundstück zu besorgen.

Wo Gemeinden unbedingt ein bestimmtes Grundstück oder Gebäude zurückhaben wollten - wie etwa die Kirche in Guangzhou das alte Berliner Missionsgrundstück unmittelbar am Perlenfluß - da mußten sie entsprechend länger warten. Aber oftmals zahlten sich Ausdauer und gute Verhandlungstaktik aus. So auch in Kanton: Das Eigentum am Perlenfluß wurde nach mehr als zehn Jahren der Kirche wieder zugesprochen. Aber noch heute sind die Häuser besetzt von fremden Bewohnern, kleinen Fabriken und Produktionszellen, die erst in vielen Jahren nach zähem Tauziehen geräumt sein werden.

Es gab allerdings auch Orte, gerade im Süden Chinas, denen das Trauma der Verfolgungsjahre während der Kulturrevolution so nachhing, daß sich dort nur sehr zögerlich Gemeinden zusammenfanden. Christen blieben noch Jahre nach der Öffnung im Untergrund aus Furcht vor neuer Verfolgung. Auf keinen Fall wagten sie, Druck auf staatliche Stellen auszuüben und für ihre Rechte zu kämpfen. Deswegen sind in vielen Orten bis heute kirchliche Gebäude und Grundstücke noch in fremden Händen.

Besser haben sie es in Beihai angefaßt. Dort traten die Pastoren furchtlos den staatlichen Behörden entgegen, bestanden aber nicht auf den alten Grundstücken, sondern gaben sich mit einem gleichwertigen Ersatz in der Altstadt zufrieden. So konnte dort schon Mitte der achtziger Jahre mit dem Kirchbau begonnen werden: ein schönes dreistöckiges Gebäude mit Gemeinderäumen unten, dem großen Kirchenraum im ersten Stock und Mitarbeiterwohnungen unter dem Dach.

Vergleicht man allerdings den heutigen Bestand der Gemeinden mit dem vor der Befreiung, so wird deutlich, wie sehr sich die Kirche in China doch bescheiden muß. Vor 1949 gab es z.B. in Beihai neben der großen katholischen Kirche, die vornehmlich Kontakte zu den Franzosen hatte, die anglikanische St. Luke Kirche; aus ihr stammt der Prediger Chan Tse Yan, der noch heute trotz seines hohen Alters sehr aktiv in der Leprösen-Seelsorge ist. Die amerikanische Pfingstgemeinde hatte eine eigene Kirche, der Pastor David Chan zugehörte, heute noch Hauptpastor in Beihai. Dann waren die Adventisten mit eigenen Gebäuden vertreten. Und schließlich die lutherische Mission der Breklumer, aus der Pastor Cheung hervorgegangen ist.

Die Gemeindeleiter in Beihai; stehend der Prediger Chan Tse Yan, rechts davon Pastor David Chan und Pastor Cheung; links Älteste.

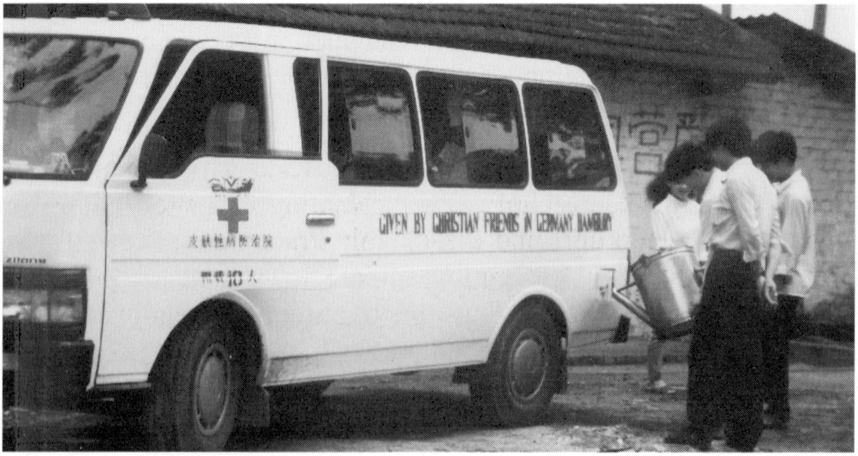

Der mit Mitteln des NMZ gekaufte Kleinbus für die Lepraarbeit: given by Christian friends in Germany, Hamburg - eine Spende christlicher Freunde in Deutschland, Hamburg.

Heute gibt es in Beihai die eine Kirche und eine Gemeinde; daneben noch eine größere Hauskirche, die bekannt ist. Sie hat die Registrierung beantragt. Andere, nicht offiziell bekannte, dann aber sehr kleine Hausgemeinden mag es noch im Verborgenen geben; sie haben keinen Kontakt zu den Pastoren.

Wenn Pastor Leung in Deutschland von der überkonfessionellen und scheinbar so einheitlichen neuen Kirche Chinas und ihrem raschen Wachstum erzählt, dann spürt er oft die Bewunderung, ja auch den Neid konfessionsmüder deutscher Christen. Er muß aber zugeben, daß auch in China die Einheit der Drei-Selbst-Kirche nicht so tief geht, wie es wünschenswert wäre, und daß sie sogar gefährdet ist. Immer wieder sammeln sich Christen auch neben der Drei-Selbst-Bewegung.

So sehr man Einheit nach außen dokumentiert und sie herbeisehnt, so weit ist man bisweilen von diesem Ideal entfernt. Noch erinnern sich die meisten Gemeindeglieder in Beihai, aber auch sonst in China, und besonders die Pastoren ihrer konfessionellen Herkunft. Stolz erzählt Chan Tse Yan, daß er eigentlich Anglikaner sei und von daher mit dem ehemals lutherischen Pastor Cheung gut auskomme; er sagt: "wir sind uns im Geiste nahe." Beide stehen in gewissem Abstand zu Pastor David Chan, der pfingstlerischen Hintergrund hat.

Dieser Konflikt zwischen Anspruch und Wirklichkeit geht bis in die höchste Spitze: Bischof Ding in Nanjing legt Wert auf seine anglikanische Herkunft und erzählt mit strahlendem Gesicht von seiner Teilnahme an früheren "Lambeth Konferenzen", den alle zehn Jahre stattfindenden Zusammenkünften der anglikanischen Bischöfe aus aller Welt in London. Andererseits ist er heute von der tiefen Sorge bewegt, daß nach seinem Ausscheiden aus Altersgründen die Drei-Selbst-Kirche in rauhe See geraten wird. Divergierenden Tendenzen sind allerorts festzustellen.

Die "Wahre Jesus Familie" und die "Adventisten" lassen immer wieder erkennen, daß sie lieber eigene Wege gehen würden. In dem Maße wie der staatliche Druck nachläßt, sind sie immer weniger bereit, sich in die Drei-Selbst-Bewegung einbinden zu lassen. Vielleicht sollte die Drei-Selbst-Kirche diese polarisierenden Gruppen ziehen lassen, um so energischer die Einheit der übrigen zu betreiben.

Auf der anderen Seite gibt es im Süden wie überall in China Hausgemeinden, die sich der Registrierung durch den Staat entziehen. Sie beschuldigen bisweilen die offizielle Kirche, sich mit dem kommunistischen Staat eingelassen zu haben und damit ihrem Auftrag untreu geworden zu sein. Diese Anschuldigungen und Verurteilungen wurden sogar personifiziert.

Daher lehnen solche Gruppen den Kontakt mit der offiziellen Kirche ab. Wie stark sie sind, weiß heute niemand zu sagen. Auf keinen Fall können jene Zahlen der Wahrheit entsprechen, die bisweilen in evangelikalen Kreisen gehandelt werden. Dort spricht man von siebzig Millionen Christen im Untergrund; sie seien die wahre Kirche im Gegensatz zu den verräterischen offiziellen Kreisen.

Es ist also unbestritten festzustellen, daß es Opposition aus verschiedenen Lagern zur offiziellen Drei-Selbst-Bewegung und damit zum China Christian Council, der innerkirchlichen Selbstverwaltung der Protestanten in China, gibt.

Eine weitere ernste Gefahr droht der Einheit der Kirche in China heute von außen. Mit der zunehmenden Liberalisierung des Landes und Lockerung von Reisebeschränkungen für Ausländer strömen wieder Missionare aus dem evangelikalen, fundamentalistischen Umfeld ins Land. Sie kommen und kümmern sich nicht um die chinesische Gesetzgebung. Sie hintergehen die Bitten der Drei-Selbst-Kirche. Sie lassen sich als Sprachlehrkräfte oder Entwicklungshelfende anwerben, um so - zumindest für einen relativ kurzen Zeitraum - mit einem Visum einreisen zu dürfen. Sie versuchen, Kontakt mit den Untergrundgruppen aufzunehmen, und bestärken diese in ihrer Opposition gegen die Drei-Selbst-Bewegung, da sie selbst meistens ein gebrochenes Verhältnis zu jeder festen Kirchenstruktur haben. Oft versuchen sie auch, selbst neue Gemeinden zu gründen, und machen sich dabei den Hunger der Menschen nach geistlicher Orientierung zunutze. Sie sehen dabei nur auf ihre eigenen kleinen "Erfolge", sind stolz auf ihre Konfrontation mit dem kommunistischen Staat, der ihnen von vornherein Symbol des Antichristen war, und mißachten die chinesische Kirche völlig in ihrem Suchen nach einer Möglichkeit der Koexistenz mit Regierung und Gesellschaft.

Trotz aller Spannungen, Schwierigkeiten und Behinderungen ist heute der China Christian Council, die protestantische Kirche in China, die am schnellsten wachsende Kirche der Welt. Man sagt, daß alle zwei Tage drei Gemeinden neu hinzukommen, alte Kirchen wieder eröffnet bzw. neue gebaut werden. Im Jahr der Befreiung 1949 zählte man in China insgesamt etwa 700.000 protestantische Christen - das sind alle Missionen zusammen gerechnet. Diese Zahl schmolz in den Jahren der Kulturrevolution auf etwa 400.000 zusammen. Heute spricht der kommunistische Staat in seinen Statistiken von 5 Millionen Protestanten, die Kirche selbst von 7 bis 9 Millionen. Eine genaue Statistik gibt es nicht. Eins ist deutlich: die Kirche in China lebt! - und das ist die Freudenbotschaft, die Leung gern weiterträgt.

Wenn Leung Beihai besucht, schaut er auch bisweilen bei den Vertretern einer "anderen Religion" vorbei, denn als solche behandelt man in China die Katholiken. Es gibt heute in Beihai wieder eine kleine katholische Gemeinde. Ihre Präsenz auf dem Festland ist aber eher bescheiden; die Katholiken haben ihren Mittelpunkt mit einem großen Dom auf einer kleinen, Beihai vorgelagerten Insel Wei Chao. Auf dieser Insel ist traditionell ein großer Teil der Bevölkerung katholisch gewesen und hat auch über die Kulturrevolution hinaus an ihrem Glauben treu festgehalten.

Katholiken waren in Beihai die ersten, die eine Werkstatt aufbauten, in der Perlmuttreliefbilder mit religiösen Motiven aus Muscheln hergestellt wurden. Diese Bilder sind in den Kirchen und Gemeinderäumen als Schmuck sehr beliebt. Es werden Motive aus den biblischen Geschichten dargestellt. - Ein gutes Geschäft und zugleich ein Stück Verkündigung! Viele Nichtchristen kaufen diese Bilder als Dekoration für ihre Häuser. Sie fragen nach dem Sinn der Geschichte, die darauf dargestellt ist. Die Gemeinden hoffen, daß in diesen Häusern dann biblische Geschichten weitererzählt werden. Mission durch Menschen, die selbst dem Evangelium noch fern stehen!

Die katholische Kirche hat heute in China eine besondere Entwicklung genommen, die weltweit einmalig ist! Während es bei den Protestanten mit der Drei-Selbst-Bewegung bzw. dem China Christian Council offiziell nur eine Kirche gibt, sind die Katholiken seit der kommunistischen Machtübernahme gespalten. Es gibt die Rom treue "römisch katholische Kirche", die sich wie alle anderen regionalen katholischen Kirchen der Welt mit dem Papsttum eng verbunden weiß. Ihre Bischöfe sind von Rom ernannt, ihre Priester stehen in der römisch apostolischen Sukzession. Diese Kirche leidet bis heute unter der Verfolgung durch den kommunistischen Staat. Unzählige Priester und Bischöfe sitzen auch jetzt noch in den Gefängnissen, angeklagt des revanchistischen, imperialistischen Verrats. Diese Kirche scheint die alte kommunistische These, daß Christen vom westlichen Imperialismus ferngesteuert seien, nur zu augenscheinlich zu bestätigen. Sie ist vom Papst abhängig - wie alle anderen regionalen katholischen Kirchen.

Die Kommunisten, die für sich selbst Welt-Herrschaft beanspruchen, können die "una sancta ecclesia", die eine heilige katholische Kirche, nicht verstehen. Für sie ist und bleibt dieser Anspruch Einmischung in die innerchinesischen, nationalen Belange. Deswegen lehnen sie diese Kirche ab und verfolgen ihre Mitglieder und besonders deren Repräsentanten. Daher ist die römisch-katholische Kirche Chinas bis heute eine verfolgte Untergrundkirche.

Um den Angriffen des Staates zu entgehen, hat sich aus dem Katholizismus Chinas eine "Patriotische Chinesisch-Katholische Kirche" gebildet. Sie ist in allen Lehrfragen und im Ritus ebenso katholisch wie jede andere. Allerdings hat sie selbständig Bischöfe konsekriert und Priester geweiht, ohne dafür das Plazet von Rom einzuholen und auf die Anweisungen des Papstes zu warten.

Die römische Kurie war feinfühlig genug, diese vom chinesischen Staat anerkannte und offen agierende katholische Kirche und ihre Repräsentanten nicht zu verbannen. Ebensowenig hat sie aber deren Bischöfe offiziell anerkannt. Sie sind für Rom nicht existent.

Spannend wird es, wenn die chinesische Regierung einem von Rom lang ersehnten Papstbesuch in China zustimmen sollte. Daß dann die von Rom nicht offiziell anerkannte, aber auch nicht verbannte Patriotische Katholische Kirche der Gesprächspartner des Papstes sein wird, dürfte klar sein. Das bedeutet dann aber öffentliche Legitimierung. Sicherlich würden sich die in den Gefängnissen schmachtenden Papst-treuen Katholiken fragen, warum sie haben leiden müssen und wofür. - Die chinesische Regierung könnte durch eine Einladung an den Papst den Katholizismus in China und weltweit in eine empfindliche Krise führen.

14. Die Lepraarbeit in der Provinz Guangxi

Pastor Leung ist heute der Ehrenpräsident der staatlichen Lepraarbeit in der Provinz Guangxi. Bei all seinen Besuchen galten ihm die Kontakte zu den Lepraleidenden und die Förderung der Arbeit unter ihnen als ein Schwerpunkt seines Auftrags in der Volksrepublik China. Wie sehr das auch von staatlicher Seite geschätzt wird, zeigt die Ehrung, die ihm zuteil wurde: die Ernennung zum Ehrenpräsidenten. Dies hatte einen merkwürdigen Anfang.

Leung erinnert sich, wie es zu seinem Engagement kam: "Es war 1982, als ich meine Schwester Sin Ying in Beihai besuchte, die mit ihrer Familie gegenüber der alten Missionsstation in einem schönen großen Haus wohnt. Sie nahm mich in eine nachmittägliche Gemeindeversammlung mit, bei der ich verschiedene Gemeindeglieder traf, auch die Organistin, eine Frau Lim. Ich wußte nicht, daß sie die Frau des Direktor der Lepra-Arbeit im Kreis Beihai-Hepu war. Aber wie immer gab ich vielen Leute meine Visitenkarte - darauf sind ja alle Chinesen scharf, und sie lieben nichts mehr, als ihre Visitenkarten auszutauschen. Ich hatte die Visitenkarten von der Lepramission in Hongkong bei mir. Sie tragen ein Bild, wie sich Jesus zu einem Leprakranken herabbeugt und ihn heilt. Ich habe diese Karten gern weitergegeben in der Hoffnung, daß Menschen darüber ins Fragen kommen.

Kurz: Meine Visitenkarte gelangte in die Hände von Dr. Lim, dem Chefarzt der Lepraversorgung in dieser Gegend. Völlig unerwartet kam er zum Haus meiner Schwester, um mich kennenzulernen und über Möglichkeiten von Hilfeleistungen aus Hongkong zu sprechen. Staunend stellte ich fest, wieviel die chinesische Regierung für die Leprakranken tut und welch engagierte Mitarbeitende es dort geben mußte. Erstaunt war ich andererseits aber auch über die primitiven Methoden, mit denen sie arbeiteten, weil die Mittel und oft auch die internationalen

Kontakte fehlten. Es war nicht annähernd ausreichend Medizin für alle Kranken vorhanden. Die gesamte Behandlung von Mißbildungen und deren Wiederherstellung steckte noch in den Kinderschuhen; die Fabrikation von künstlichen Gliedmaßen war wegen fehlender Finanzmittel überhaupt nicht entwickelt."

Leung und Dr. Lim, der zwar selbst nicht Christ war, aber durch seine Frau vielleicht mehr Kenntnisse vom Christentum hatten als manch gebildeter Mitteleuropäer im christlichen Abendland, hatte von Anfang an eine besondere Zuneigung füreinander. Sie konnten aufeinander zugehen, miteinander reden und verhandeln - und wurden darüber enge Freunde.

Dr. Lim eröffnete Leung den Zugang zu den Leprakolonien in Beihai und Hepu, die jetzt unter staatlicher Regie standen, früher aber einmal vornehmlich aus der Arbeit der Anglikanischen Kirche, aber auch anderer Missionen, hervorgegangen waren. Natürlich galt Leungs Besuch primär den Christen; aber wie selbstverständlich kamen auch die anderen hinzu und freuten sich über die Abwechslung in ihrem sonst so ereignislosen Alltag. Erstaunt waren alle, wie Leung in seiner warmen, verbindlichen Art auf die Kranken zuging, völlig ohne Scheu - wie sie es von anderen Besuchern gewohnt waren - und wie er für jeden ein gutes Wort hatte.

Es war nicht jedem erlaubt, den Kontakt mit den Lepraleidenden aufzunehmen. Das mußten auch die Pörksens erfahren, als sie 1983 in Beihai waren. Sie waren bereits auf dem Gelände des Leprosoriums vor der Stadt, als ihnen eine Frau entgegenkam und sie bat, nicht weiter zu gehen. Sie wies darauf hin, daß sie keine staatliche Ausnahmegenehmigung hatten: weder für den Besuch, geschweige denn für eine Ansprache. Die beiden Besucher kamen dieser Aufforderung sofort nach - wenn auch mit einer gewissen Traurigkeit in ihren Herzen.

Jahre später, nachdem Leung die Kontakte ausgeweitet hatte, waren solche Besuche - auch unangemeldet, sofern das denn überhaupt denkbar ist, denn jeder Schritt von ausländischen

Besuchenden wird registriert und hinter den Kulissen zwischen den Vertretern der Drei-Selbst-Kirche und staatlichen Behörden aus-gehandelt - ohne weiteres möglich, ja sogar erwünscht, weil man sich davon Hilfe aus dem Ausland versprach.

Wie so oft begannen auch die Lepraleidenden Leung von ihren Erfahrungen während der Kulturrevolution zu berichten. Damals waren auch ihnen die Gottesdienste und jegliche Gebetsversammlungen, Bibelkreise und alles, was einen religiösen Anstrich zu haben schien, verboten. Nur zum Studium der Worte Maos, des großen Vorsitzenden, durften sie noch zusammenkommen. So war im Laufe dieser Zeit ihre kleine Kirche, die Simeonkapelle, verfallen. Die Roten Garden taten das Ihre dazu, den Verfall zu beschleunigen. Davon begannen die Lepraleidenden in Beihai immer offener zu berichten und baten Leung um Hilfe zum Aufbau einer neuen Kirche. Sie sollte Zentrum für ihre Andachten und Gottesdienste und andere Veranstaltungen sein. Bis dahin hatten sie nur die Möglichkeit - wie an anderen Orten Chinas - in kleinen Gruppen in einzelnen Häusern zusammenzukommen.

Zum Neujahrsfest 1983 war Leung zu einem erneuten Besuch in seiner Heimat Beihai. Anläßlich des Jahreswechsels sollte auch für die Lepragemeinde ein erster gemeinsamer Gottesdienst stattfinden. So trafen sich die Bewohner der Kolonie unter einer riesigen Bambusstaude, die sich wie ein Dom über ihnen wölbte.

Auch die Gemeindepastoren Cheung und Chan waren mit dabei. Der pensionierte Prediger Chan Tse Yan machte sich zum Sprecher der Lepragemeinde und bat Leung eindringlich um Hilfe zum Wiederaufbau der Simeonkapelle. Die Beihaier Gemeinde befürwortete sehr wortreich das Anliegen der Kranken und unterstützte die Bitte um Hilfe aus Hongkong.

Gerade zu diesem Zeitpunkt ging Dr.Lim in den Ruhestand. Es gab große Befürchtungen unter den Christen, daß damit die guten Kontakte zu den Regierungsärzten zu Ende sein könnten. Dies war aber zum Glück nicht der Fall. Der Nachfolger Dr.Lims, Dr.Cheng, ein parteitreuer Kommunist, stammte aus demselben

Dorf wie Dr. Lim. Er war in einem christlichen Elternhaus aufgewachsen und zeigte sich mindestens ebenso offen für die Anliegen und Wünsche der Christen wie sein Vorgänger. Auch er befürwortete den Wiederaufbau der Simeonkapelle sehr warmherzig. Leung gab die Bitte um Hilfe in Hongkong an die anglikanische Kirche weiter und konnte von ihr Mittel flüssig machen. Dadurch wurde 1985 mit dem Wiederaufbau der Simeonkapelle begonnen. Im Jahr darauf wurde ihre Einweihung gefeiert. Der nächste Besucher, Neidhard Bethke, Domorganist in Ratzeburg und ein Enkel des früheren Breklumer Missionars, brachte für die Gemeinde ein Harmonium mit. Seitdem wurde dieses Haus wirklich zum Kristallisationspunkt dieser besonderen Gemeinde.

Lepra ist im Süden Chinas, in der Provinz Guangxi bis heute immer noch ungewöhnlich stark verbreitet. Obwohl die Krankheit jetzt heilbar ist, d.h. zumindest zum Stillstand gebracht werden kann, treten immer wieder neue Leprafälle in den entlegenen Dörfern auf. In den Bergen dieser südlichsten Provinz der Volksrepublik an der Grenze zu Vietnam leben viele kleine Gruppen der ethnischen Minoritäten in großer Armut und hinken sowieso der Entwicklung in Gesamtchina hinterher. Durch eine sehr geschickte Politik versucht die chinesische Regierung heute zwar, diese Minoritätsgruppen mehr zu integrieren; allein es gelingt ihr nicht so recht. Die Minderheiten genießen gegenüber den Han-Chinesen sogar recht viele Privilegien. Sie sind z.B. von dem rigorosen Gesetz der Ein-Kind-Ehe entbunden; sie können zwei, wenn es nur Töchter sind, sogar drei Kinder haben. Durch solche Vorrechte versucht der Staat, diesen Volksgruppen eine besondere Stellung einzuräumen und damit ihre Dankbarkeit gegenüber der politischen Führung zu wecken. Die Regierung hofft, daß sie damit allen partikularistischen Strömungen entgegenwirken und eventuelle Selbstständigkeitsforderungen unterbinden kann.

Selbst Wissenschaftler rätseln, weswegen gerade im Süden die Lepra von solcher Häufigkeit ist. Ob es mit dem subtropischen Klima zusammenhängen könnte, mit der Armut der Menschen und der damit verbundenen mangelhaften Ernährung oder andere Ursachen hat, das vermag keiner genau zu sagen.

In den meisten Fällen merken die Kranken selbst zuerst, wenn etwa plötzlich dunkle Flecken auf ihrer Haut auftreten oder ihre Nerven nicht mehr wie gewohnt bei Verletzungen den Schmerz anzeigen. Aber anstatt sich eilends auf den Weg in die nächste Klinik zu machen, verbergen sie furchtsam alle Anzeichen der Krankheit, selbst vor den nächsten Verwandten, solange es geht. Wenn es dann am Ende doch offenbar wird, sind meistens bereits schlimme Sekundärerscheinungen feststellbar.

Aus diesem Grunde hat sich die Regierung zu einer großen Aufklärungskampagne entschlossen. Sie schickt medizinisches Personal gerade auch in die entlegenen Dörfer, um die Menschen darüber aufzuklären, wieviel effektiver der Lepra zu Leibe gerückt werden kann, wenn sie im Anfangsstadium erkannt und behandelt wird. Die schrecklichen Verstümmelungen, die ja erst als Folge der fortgeschrittenen Krankheit auftreten, können so verhindert und die Menschen geheilt werden.

Für diesen besonderen Dienst werden im Gesundheitszentrum in Nanning, der Provinzhauptstand für Guangxi, sogenannte Barfußdoktoren in Kurz-Kursen ausgebildet. Sie ziehen dann in die entlegenen Dörfer in der Bergregion, um Neuerkrankungen zu entdecken und zu versorgen und eine längerfristige Behandlung einzuleiten. Wer sich selbst als krank meldet, kann sogar mit einer Belohnung rechnen. Ebenso erhalten Freunde und Verwandte eine Belohnung, wenn sie einen Leprafall in ihrem Dorf oder ihrer eigenen Familie den Regierungsstellen anzeigen.

Die neuen Medikamente, die Depsonsulphone, das Lamprin und das Rephampsin, das auch zur TB-Behandlung benutzt wird, werden als wahre Wundermittel angesehen, sind aber für den chinesischen Staat nahezu unbezahlbar. Bisher kann nur eine

Depson-Variante in China selbst hergestellt werden. Manche Patienten reagieren aber auf dieses Medikament allergisch. Sie bleiben auf die teuren ausländischen Präparate angewiesen. Diese wiederum können nur in begrenzten Fällen von der Regierung finanziert und damit für die Leprabekämpfung zur Verfügung gestellt werden. Aus diesem Grunde hat Leung in Hongkong einen Hilfsverein zur Versorgung der Lepraleidenden in der Volksrepublik China gegründet und versucht, besonders Medizin für die Behandlung von Allergiefällen bereitzustellen. Das Philip Haus selbst hat hier viel sichtbare Hilfe geleistet - neben anderen ausländischen Institutionen, die sich an dieser Aufgabe beteiligen.

Eine der bedeutendsten ausländischen Hilfsorganisationen zur Leprabekämpfung ist die belgische Damien-Stiftung; aber auch andere kleinere Gruppen, nicht zuletzt das Nordelbische Missionszentrum. In neuerer Zeit hat die chinesische Zentral-Regierung die Provinzen geradezu aufgefordert, wo immer möglich auch ausländische Hilfsquellen zu erschließen, um der unheimlichen Krankheit effektiver zu Leibe rücken zu können. Als großes Ziel hat man vor Augen, daß bis zum Ende dieses Jahrtausends die Krankheit ausgerottet sein sollte. Immer wieder aber haben Naturkatastrophen, Überschwemmungen einer-seits und extreme Trockenheiten andererseits und was es sonst gab, alle großen guten Pläne zunichte gemacht und das Ziel weiter weggeschoben.

Auch in der Provinz Guangxi sind die staatlichen Lepraärzte der Aufforderung der Zentrale nachgekommen und wenden sich heute verstärkt an mögliche ausländische Hilfsquellen. Sie sind besonders an die chinesische Kirche herangetreten und haben diese aufgefordert, bei ihren Überseepartnern Mittel für die Lepraarbeit einzuwerben. Solche Bitten sind auch an das NMZ herangetragen worden.

Die chinesische Regierung kann monatlich nicht mehr als 40 Yuan pro Patient zur Verfügung stellen. Davon müssen sämtliche anfallenden Kosten abgedeckt werden, die Ausgaben für

Nahrungsmittel und Kleidung genauso wie für Medizin und etwaige Behandlungen. Gerade bei schweren Krankheitsfällen reicht diese Summe jedoch hinten und vorne nicht aus. Für die wenigen Bewohner der Leprakolonien versucht die Regierung, Land zur Verfügung zu stellen, damit sich die Kranken, so gut es geht, selbst versorgen können. Neben der Dämpfung der Kosten hat dies zugleich therapeutische Auswirkungen; die Kranken fühlen sich nicht als überflüssige Nutznießer der Gesellschaft, sondern leben und versorgen sich wie jeder andere chinesische Kleinbauer. Viele der in den Leprosorien lebenden Patienten sind jedoch bereits so sehr verkrüppelt, daß sie keine Feld- und Hausarbeit mehr verrichten können. Sie sind dann voll darauf angewiesen, von der Sozialhilfe des Staates versorgt zu werden, was in den meisten Fällen längst nicht ausreicht. Hier können zusätzliche Mittel von außerhalb wirklich entschieden die Lebensqualität verbessern.

Die christlichen Missionen waren im alten China die ersten, die sich der Lepraleidenden in besonderer Weise annahmen und sie in Leprosorien menschenwürdig unterbrachten. In den Dörfern wurden die Aussätzigen früher wie in biblischen Zeiten einfach ausgesetzt und dem Tode preisgegeben, weil man eine Anstekkung fürchtete und nicht wußte, wie man der unheimlichen Krankheit sonst begegnen sollte. So waren bereits in den ersten Jahrzehnten dieses Jahrhunderts in Beihai und Hepu durch die anglikanische Kirche in Zusammenarbeit mit den anderen Missionen wie der Breklumer die großen Leprosorien entstanden. An beiden Orten lagen sie weit draußen - vor der Stadt. Es waren wenige, allen voran die Missionarinnen und Missionare selbst, die sich um diese Kranken kümmerten. Medikamente gab es damals nicht.

Mit der Befreiung Chinas von ausländischer Dominanz und der damit verbundenen Ausweisung der Missionare fiel diese Arbeit an die kommunistische Regierung und die lokalen Behörden. Beherzte Regierungsärzte haben hier schnell ihre besondere Aufgabe erkannt und Großartiges geleistet. Sie erinnern aber noch sehr wohl, daß es die Christen waren, die diese Arbeit begonnen und getragen hatten. So haben die Regierungsgesundheitsämter sehr schnell die Kontakte zur chinesischen Kirche wieder aufgenommen und arbeiten heute erstaunlich eng mit ihr zusammen.

Bei einem Empfang in Beihai für die Bischofsdelegation aus Nordelbien und der Diözese Ely in England sprach der oberste Regierungsvertreter bei seiner Begrüßungsrede von den Errungenschaften der Missionen in der Vergangenheit: "Wir werden euch nie vergessen, wie ihr euch für diese armen Menschen eingesetzt habt", stellte er sichtbar bewegt öffentlich fest."Dafür danken wir euch und heißen euch heute wieder als unsere Freunde herzlich willkommen." Verbunden mit dieser warmen Begrüßung war dann aber auch die Bitte, mit der Hilfe fortzufahren bzw. sie neu aufzunehmen.

Die neuesten Entwicklungen in Beihai, die aus der kleinen Hafenstadt in den nächsten Jahren eine Vier-Millionen Metropole machen werden, haben vor dem Leprosorium nicht Halt gemacht. Was ursprünglich weit draußen vor der Stadt lag, rückte langsam immer mehr an das Zentrum heran. Seit Ende der achtziger Jahre war klar, daß das Leprosorium geräumt und verlegt werden mußte - gegen den scharfen Widerstand der Insassen dort. Für sie war das Gelände mit den Bambushainen und besonders der schönen Simeonkapelle eine neue Heimat geworden; durch die wachsende Nähe der Stadt fühlte man sich wieder mehr in die Gesellschaft integriert. Trotz aller ihrer Proteste wurde das Leprosorium 1994 geschlossen und nach Hepu verlegt.

Sicherlich stand die Gesundheitsbehörde diesen Plänen nicht so abweisend gegenüber wie die Patienten selbst. Sie wußte um den Wert, den das Gelände des Leprosoriums mittlerweile bekommen hatte, und forderte diesen unerbittlich vom Staat ein. So mußte die Entwicklungsbehörde des Kreises eine nicht unerhebliche Summe an die Gesundheitsbehörde zahlen. Als erstes entstand

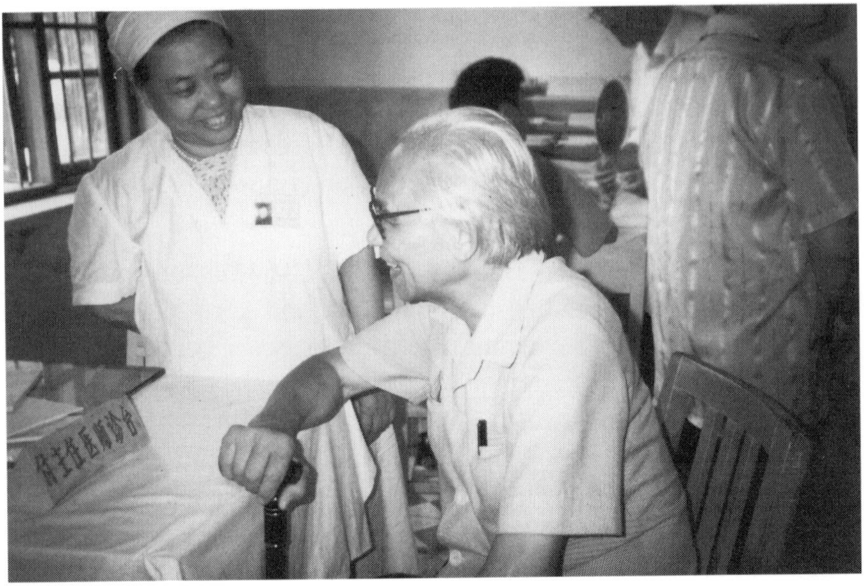

Leung im Gespräch mit einer Lepraärztin in Beihai.

Die Bewohner des Leprosoriums in Kaoloon Tong.

daraus in Beihai ein modernes schönes Wohnhaus für Ärzte und medizinisches Personal. Aber es ist ebenfalls eine moderne Lepra- und Hautklinik zur Behandlung ambulanter und eventuell einiger stationärer Patienten im Bau. In Hepu wurde eine neue, sehr viel schönere Anlage für die Lepraleidenden gebaut. Vielleicht haben so alle etwas von dem Deal gehabt - wie so oft in China: die oben am meisten und sichtbarsten, die unten sicherlich am wenigsten; aber die haben zu schweigen.

In Hepu liegt das Leprosorium Kaoloon Tong so weit draußen vor der Stadt, daß dort nie Platzmangel herrschen wird. Der Name Kaoloon Tong heißt in der Übersetzung: Wütender Drachen Wasserteich. Daß in dieser landwirtschaftlich kaum zu nutzenden Einöde die wilden Drachen leben, kann man sich gut vorstellen; allerdings klingt der zweite Name sehr schmeichelhaft, denn eigentlich leidet die Gegend unter notorischem Wassermangel. Früher gab es etwa 140 Leprakranke dort; heute ist die Kolonie um ein vielfaches gewachsen.

Abenteuerlich ist schon der Weg dorthin, eine ausgefahrene Sandpiste. In trockenen Tagen kommt man durch eine akrobatische Slalomfahrt um sämtliche tiefen Schlaglöcher herum; in der Regenzeit bleibt man meist hoffnungslos in ihnen stecken - also versuchen die Leute gar nicht erst, nach Kaoloon Tong zu kommen.

Kurz nach der Abbiegung von der Hauptstraße führt der Weg an einem weiten Eukalyptushain vorbei, in dem Hunderte kleinster Hütten stehen, eine wie die andere, mit großen Zahlen gekennzeichnet, in beachtlichem Abstand voneinander gebaut: eine Feuerwerkskörper-Fabrik. Wenn eine Hütte hochgeht, sind drei Menschen tot, und es ist nur wenig Sachschaden entstanden. In einer Großhalle wäre das sehr viel anders. Und da in China auf den Arbeitsplätzen sämtliche Sicherheitsbestimmungen der Welt unbeachtet bleiben, ist diese primitive Sicherheitsvorkehrung geradezu genial.

Auffallend sind weiter überall am Wegesrand kleine Überdachungen aus ein paar Bambuszweigen, unter denen immer wieder Menschenansammlungen hocken: Die "Spielkasinos" der Provinz Guangxi. Glücksspiel ist im Sozialismus verpönt und verboten und wird auch strikt von der Polizei kontrolliert und geahndet. Aber kein Polizist würde sich in die Nähe des Leprosoriums wagen aus Angst vor Ansteckung. Die Spieler jedoch haben offenbar erkannt, daß die Gefahr der Ansteckung geringer ist als die des Erwischtwerdens. Also hat man die Spielhöllen dorthin verlegt. Und es sind in den letzten Jahren zunehmend mehr geworden.

Mit einem normalen Fahrzeug kann man nur selten in die Leprakolonie gelangen; deswegen baten die Lepraärzte aus Hepu das Nordelbische Missionszentrum um Motorräder für ihre Arbeit. Einmal wöchentlich sind sie regelmäßig dort zu Besuch, behandeln die Patienten und geben Rat, wo sie können. Ebenso kümmern sich die Pastoren aus Beihai und die Bibelfrau aus Hepu in rühriger Weise um die Lepraleidenden.

1994 wurde das Leprosorium durch den Zuzug der Kranken aus Beihai wesentlich vergrößert: ein ganzer Komplex wurde dazugebaut. Mit Hilfe der Mittel aus Nordelbien wurde in der Mitte dieser Anlage eine neue Simeonkapelle errichtet, in der nun wieder regelmäßige Andachten und Gottesdienste gehalten werden können. Die Patienten sind Pastor Leung dankbar, daß durch ihn diese Kontakte zustande gekommen sind und so ihr Leben um vieles erleichtert wurde. Leung hat bei jedem seiner Besuche in der Gegend auch in Kaoloon Tong hereingeschaut. Freudig lachend geht er auf die Menschen zu, nimmt sie in die Arme, hört ihnen zu und tut etwas für sie, soweit es in seinen Kräften steht. In der Tat wäre ohne ihn keine Hilfe aus Nordelbien geflossen.

"Unvergeßlich", sagt Leung, "bleibt mir die Ansprache von Dr. Lim bei der Einweihung der Kapelle. Er forderte die Kranken auf, dem Herrn Jesus für seine Liebe zu den Ärmsten der Armen zu danken und dem großen Vorsitzenden Mao für seine Fürsorge für das chinesische Volk. Jesus und Mao in einem Atemzug - wenn das nicht Grund zur Freude ist!"

Leider ist auch diese Freude nicht ungeteilt. Die Umsiedler aus Beihai haben die neue Simeonkapelle in der Mitte ihrer Anlage als ihre Kirche und ihren Sammelpunkt angenommen. Die alten Bewohner von Kaoloon Tong bleiben draußen vor. Sie neiden den Neuankömmlingen ihre schöne neue Anlage und fordern von der Regierung nun ebenfalls bessere Unterkünfte und eine bessere Versorgung. Entsprechende Pläne sind bereits gezeichnet; aber es gibt in Hepu keine Mittel aus Landverkäufen, die man für ein solches Bauprojekt verwenden könnte. Und Überseemittel in dieser Größenordnung sind heute kaum noch zu vermitteln.

Es gibt auch sichtbare Hilfe für alle. Die Wasserversorgung war stets ein besonders brennendes Problem in Kaoloon Tong. In den trockenen Monaten hatte man selten genug Wasser zum Waschen; die meisten Bewohner aber sind zu schwach, um sich zu einem kleinen relativ nahe gelegenen Teich zu schleppen. So konnten sie sich eben über Wochen und oft Monate gar nicht waschen. Dramatisch spitzte sich aber immer wieder die Lage zu, wenn nicht einmal mehr genügend Wasser zum Trinken zu schöpfen war und der Teich ebenfalls austrocknete. Wasser mußte dann in jeder Hinsicht rationiert werden.

Hier konnte durch Mittel aus Nordelbien entscheidend geholfen werden. Ein Tiefbrunnen wurde gegraben und eine Pumpanlage installiert, so daß Wasser nun in Leitungen in den gesamten Komplex fließt und das ganze Jahr hindurch in ausreichender Menge zur Verfügung steht.

So viel auch für die Lepraleidenden in Kaoloon Tong oder an anderen Stellen getan wird, so kann damit doch nicht die mangelnde Geborgenheit in den Familien kompensiert werden. Sie fühlen sich eben doch ausgestoßen, verlassen und einsam. Viele werden damit erstaunlich gut fertig - andere aber werden schwermütig und versuchen, sich mit einer Überdosis an Medikamenten das Leben zu nehmen oder gar durch Nahrungsverweigerung sich zu Tode zu hungern. Die Selbstmordrate in Kaoloon Tong ist sehr viel höher als irgendwo sonst in der Gegend. Deswegen ist die seelsorgerliche Betreuung dieser Menschen eine der wichtigsten Aufgaben; und auch hier hat Leung wieder besondere Maßstäbe gesetzt und seinen Freunden manch brauchbaren Hinweis aus seinen eigenen Erfahrungen in Hongkong geben können.

Die Zentralregierung in Peking hat 1995 für den Süden Chinas ein Lepraförderungsprogramm im Umfang von 6 Millionen Yuan aufgelegt. Sie hofft außerdem auf Mittel aus Übersee, besonders aus Europa, um damit die Lepra endgültig auszurotten. So sehr dieses Programm zu begrüßen ist, so skeptisch wird es von den Medizinern gesehen; sie vermuten am Horizont bereits neue Probleme. So sehr in den letzten Jahren Lepra in der Tat abgenommen hat, sind die Fälle von Geschlechtskrankheiten und Hauterkrankungen sprunghaft angestiegen. So haben sie bewußt die neue Lepraklinik in Beihai für Lepra- und Geschlechtskrankheiten sowie andere Hauterkrankungen ausgelegt. Die Aufgaben werden sich verlagern, aber leider nicht aufhören.

15. Kirchliche Entwicklung im Süden Chinas heute und ihre Probleme

"Besondere Freude bei meinen China-Besuchen bereitet mir das rasante Wachstum der Gemeinden", sagt Pastor Leung, der 'alte Missionar', immer wieder. "Und das", fügt er mit seinem typischen pfiffigen Lächeln hinzu, "obwohl das Verhältnis von Kirche und Staat noch immer ein heikles ist." - Durch seine häufigen Besuche kennt sich Leung in vielen Interna der chinesischen Politik in Kirche und Staat bestens aus.

Wie in anderen Teilen Chinas hat auch im Süden des Landes die Drei-Selbst-Bewegung in den letzten Jahren einen erstaunlichen Aufschwung zu verzeichnen. Nach den Jahren der Verfolgung während der Kulturrevolution genießt heute die Kirche relativ große Freiheiten. Oftmals ist es den Chinesen selbst gar nicht bewußt, wie sehr sie trotz allem der staatlichen Kontrolle und dem staatlichen Zugriff unterliegen. Praktisch ist bis heute keine kirchliche Maßnahme ohne staatliches Plazet denkbar. Dies beginnt bei der Registrierung der Gemeinden, die aufgrund der Gesetzgebung für alle verbindlich ist. Nur wenn eine Gemeinde registriert ist, darf sie öffentliche Veranstaltungen durchführen, d.h. Gottesdienste, Gebets- oder andere Versammlungen. Nur als registrierte Gemeinde kann sie Eigentum und Besitz haben, ein Gemeindehaus, eine Kirche. Nicht registrierte Gemeinden existieren praktisch nicht in den Augen des Staates.

Gerade die Registrierung aber ist vielerorts das Problem. Aus den grausamen Erfahrungen der Kulturrevolution heraus scheuen sich viele Christen, ihre Namen den Regierenden kundzutun. Kleine Hausgemeinden bleiben lieber im sicheren Untergrund, als daß sie bei einem erneuten Ideologiewechsel für etwaige Verfolgung anfällig sind.

An manchen Stellen Chinas ist das Wachstum der christlichen Kirche so rasant, daß die Behörden selbst neuen Gemeinden die Registrierung verweigern, weil sie sich nicht die Blöße geben wollen, daß in ihrem Bereich Religion so auf dem Vormarsch ist und dem Atheismus wenig Chancen gibt. So werden auch registrierbereite Gemeinden in den Untergrund gedrängt und bleiben dadurch weiterhin den Schikanen staatlicher Stellen ausgeliefert.

Leung hat die Verborgenheit der Untergrundkirche in China stets geachtet und sich nicht Zugang zu diesen Gemeinden zu schaffen versucht. Er hat sie damit schützen wollen; zugleich aber auch sich selbst. Nur so kann er unbeschwert mit staatlichen Stellen umgehen und verhandeln und wird von ihnen als ein verbindlicher Freund und Brückenbauer angesehen, der den Bogen zu Hongkong und ins Ausland, namentlich zur Nordelbischen Kirche, schlägt.

Registriert werden die Gemeinden als solche, nicht die Namen der einzelnen Mitglieder. Die Gemeinde muß das selbst veranlassen. Sie hat dazu eine bestimmte Mitgliederzahl nachzuweisen. Registrierte Gemeinden stimmen faktisch einem bestimmten Prozedere im Umgang mit den staatlichen Stellen und in der Ordnung ihrer eigenen Geschäfte zu. Leung kann stundenlang Beispiele aus dem Gemeindealltag berichten.

In **Hepu** soll eine neue Kirche eingeweiht werden. Leung bringt ausländischen Besuch mit, einen Bischof aus Nordelbien und seinen Amtskollegen aus der anglikanischen Diözese Ely in England. Bischof Dr.Knuth soll die Predigt halten. Wäre es nur ein Grußwort gewesen, so hätte man nichts zu unternehmen brauchen - wie lang am Ende ein solches Grußwort auch ausfallen mag. Aber eine Predigt gilt als öffentliche Ansprache und muß als solche angemeldet und genehmigt werden. Theoretisch hätte man zuvor ein schriftliches Konzept zur Prüfung einreichen müssen, damit chinafeindliche oder schädliche Aussagen verhindert werden können. Theoretisch! Praktisch ist das Vertrauen gegenüber den Christen groß und Leung gilt als Garant. Die Erlaubnis wurde ohne diese Vorlage erteilt.

Die ausländischen Besucher kommen durch verschiedene Orte im Süden Chinas. Natürlich muß überall ihr Aufenthalt beim zuständigen Büro für religiöse Angelegenheiten angemeldet werden. Dieses Büro ist für alle Religionen zuständig, also für die Christen genauso wie für die Muslime, die Buddhisten und Konfuzianer. Seine Beamten fühlen sich durch den Besuch ebenso geehrt wie die Christengemeinden selbst. Deswegen nehmen sie den Besuch gern zum Anlaß, zu einem großen Festbankett einzuladen - von dem sie mindest genauso profitieren wie die Gäste selbst. Man muß eben eine Gelegenheit finden! Ohne staatliches Plazet wäre der Besuch insgesamt nicht denkbar gewesen.

In **Qinzhou** soll eine große Taufe stattfinden. Natürlich wissen die staatlichen Stellen von dem Großereignis und dürfen davon ausgehen, daß nur Erwachsene getauft werden, keine Kleinkinder oder gar Babies - "religiöse Propaganda" an Minderjährigen ist untersagt. Kinder dürfen nur von der kommunistischen Ideologie "missioniert" und indoktriniert werden.

Religion gilt als Privatsache - und nur ein Erwachsener darf für sich selbst entscheiden. Religiöse Beeinflussung Minderjähriger wird nahezu mit staatsgefährdender Hetze gleichgesetzt; so sehr auch die chinesischen Christen betonen, ihr Land zu lieben und treue Staatsbürger der Volksrepublik zu sein, und dies auch in ihrem Leben unter Beweis stellen. Deswegen darf kein Konfirmandenunterricht, schon gar kein Religionsunterricht in Schulen erteilt werden. Da aber Eltern ihre Kinder mit in den Gottesdienst nehmen dürfen, muß dieser eben zugleich Sonntagsschule und Konfirmandenunterricht sein. Entsprechend lang, aber bisweilen auch langweilig sind solche Veranstaltungen, da die meisten Pastorinnen oder Prediger keine entsprechende pädagogische Ausbildung haben, um einen solch anspruchsvollen Einsatz leisten zu können. Mit viel Geduld aber läßt die Gemeinde auch die längsten Versammlungen über sich ergehen.

In **Beihai** soll ein junger Pastor ordiniert werden. Zuvor muß jedoch die staatliche Genehmigung eingeholt werden. Der Staat begründet das: Da die Gemeinde in Zukunft für den Lebensunterhalt des Pastors zuständig ist, wechselt er in eine andere "Einheit". Der Staat möchte das schützend begleiten. Leung vermutet aber, daß dahinter eher eine Kontrolle des "religiösen Personals" (wie es im Staatsjargon heißt) steht. Ein regimekritischer junger Mensch wird nie vom Staat die Zulassung zur kirchlichen Ordination bekommen. Dies gilt mehr oder minder für die Besetzung sämtlicher kirchlicher Ämter.

Für Leung, der im Philip-Haus aus einer Kirche kommt, die eher freikirchliche Strukturen hat, ist das nur schwer nachvollziehbar. Aber er weiß, daß in der anglikanischen Kirche Englands das Parlament der Ernennung eines Bischofs zustimmen muß und sich dies bis nach Hongkong hin auswirkt. Nur daß dort niemand negativ von staatlicher Bevormundung reden würde, sondern auf einen Staats- Kirchenvertrag hinweisen würde.

Leung könnte weitere Beispiele anführen, wo die staatliche Kontrolle, die Verquickung der Drei-Selbst-Bewegung mit dem Büro für religiöse Angelegenheiten deutlich wird. Auf jeden Fall sind es genug Gründe für manche Christen, lieber im Untergrund zu bleiben, als sich so in die Hände des atheistischen Staates zu begeben. Wie stark die einzelnen Gruppen im Süden Chinas sind, darüber gibt es keine statistischen Angaben, weder für die Größen der registrierten Gemeinden, schon gar nicht aber für die nichtregistrierten. Wahrscheinlich aber ist die Zahl der Christen im Untergrund nicht allzu groß.

Wesentlich höher ist die Zahl der sogenannten "ungetauften Christen", ein besonderes Phänomen in der Volksrepublik China. Wer eine Position in der Regierung oder in regierungsnahen Einrichtungen haben will - und im sozialistischen Staat, wo alles verstaatlicht ist, gibt es nahezu keine regierungsfernen Institutionen - muß praktisch Parteimitglied und damit zumindest nominell Kommunist, und d.h. Atheist, sein. Das trifft für die Rote Armee genauso zu wie sämtliche Ämter in Behörden, oft sogar in den Betrieben. Um hier nicht in einen nach außen hin sichtbaren Konflikt zu kommen, lassen sich viele überzeugte, treue Christen, die ganz aktiv am Gemeindeleben teilnehmen, nicht taufen, um so gegenüber den staatlichen Stellen als "makellos" dazustehen. Manchmal fällt sogar auf, daß solche ungetauften Christen bevorzugt in führende Positionen kommen, weil man sich auf ihre Zuverlässigkeit und Ehrlichkeit besser verlassen kann als die der eigenen Parteigenossen. Die Drei-Selbst-Kirche hat diese Entscheidung einzelner akzeptiert und zählt auch solche Nicht-Getauften als Christen und Gemeindeglieder. Wie groß deren Zahl in Guangxi ist, bleibt unbekannt.

Pastor Leung beschränkt sich bei seinen Besuchen im Süden Chinas hauptsächlich auf die ehemaligen "Breklumer" Gemeinden, bzw.was sich heute daraus nach ihrer Integration in die Drei-Selbst-Kirche entwickelt hat. An ihnen wird vieles von der allgemeinen Entwicklung im Lande deutlich.

Früher hatten die einzelnen Missionen ihre Arbeits- und Einflußbereiche ziemlich klar abgesteckt. Die Rheinische Mission war um Kanton und Shenzhen herum tätig, die Berliner zwischen Kanton und Jiangmen, Richtung Zhanjiang, und die Breklumer schließlich - im Vergleich zu den anderen eher klein und bescheiden - ganz im Süden um Beihai und Hepu. (Natürlich gab es im Inneren und Mittleren China, im Norden und Osten noch viele andere deutsche Missionen neben all den anderen Gruppen und Kirchen aus Europa und Amerika. China war schließlich das Land mit den meisten ausländischen Missionarinnen und Missionaren, bevor 1949 alle ausgewiesen wurden.)

Wichtigste Gemeinde im Süden ist heute unzweifelhaft **Beihai** mit ihrem schönen dreigeschossigen Kirchengebäude. In Beihai konzentrieren sich auch die Pastoren. Der Leiter der Gemeinde ist Pastor David Chan aus der ehemaligen Pfingst-Gemeinde. Seine

Gesundheit ist ziemlich angeschlagen. Aber mit seinen gut 75 Jahren denkt er noch lange nicht an einen Rücktritt. Neben ihm steht der auch nicht mehr junge Pastor Cheung aus der ehemaligen Breklumer Arbeit in aktivem Dienst. Zwischen beiden gibt es Spannungen wegen Cheungs Sohn, der in Nanjing am Zentralseminar der Kirche graduierte und eine blendende Karriere versprach - bis er seine Frau verstieß und ein Verhältnis mit der Leiterin des kirchlichen Kindergartens begann. Für die chinesischen Christen ist ein solcher Mann als Pastor undenkbar. Cheungs Mutter aber tritt mit allen Mitteln für ihren Sohn ein und kämpft um seine Anstellung in der Gemeinde. Da die Familie Cheung im gesamten Beihaier kirchlichen Umfeld sehr einflußreich ist, bleibt der Konflikt einfach ungelöst. Trotz der beiden alten Pastoren und dem jungen Cheung hat die Gemeinde noch eine junge Predigerin vom Seminar in Nanjing berufen und eingestellt und offensichtlich genügend Mittel, alle Mitarbeitenden angemessen zu besolden.

Die Besoldung der Pastorenschaft scheint heute ein besonderes Problem in der chinesischen Kirche zu sein. Die Alten werfen den Jungen vor, daß sie hinter dem Geld her seien und weniger die Gemeinde als ihr eigenes Auskommen im Blick haben. Sie übersehen dabei geflissentlich, daß ihre eigene finanzielle Absicherung den schrecklichen Jahren der Kulturrevolution zu verdanken ist: Damals wurden auch die Pastoren als Arbeiter in die Fabriken oder aufs Land getrieben. Heute können sie von den dort erworbenen Rentenansprüchen leben, ohne die Gemeinden besonders zu belasten. Junge Pastorinnen und Pastoren haben keine solche 'Nebeneinkünfte', sondern müssen ihr Leben von dem fristen, was die Gemeinden ihnen zukommen lassen können. Zwischen 1949 und dem Anfang der achtziger Jahre sind praktisch gar keine Theologen ausgebildet worden, d.h. in den Gemeinden gibt es ganz alte oder ganz junge Pastorinnen und Pastoren; die gesamte mittlere Generation fehlt, dreißig Jahre! Die alten sehen durchaus, wie ihre Kräfte dahinschwinden und neiden den jüngeren den jugendlichen Schwung und - sofern sie aus Nanjing kommen - auch die wesentlich bessere Ausbildung. Von daher ist der Generationskonflikt - sowieso ein chinesisches Phänomen - in der Kirche noch einmal besonders verschärft. Sicherlich ist es keine Lösung, wenn in Gemeinden junge Theologen eingestellt werden, man ihnen aber die Ordination versagt und sie unter den alten Pastoren als Helfende arbeiten läßt. Zugleich klagt die Kirche über einen Mangel an jüngeren Pastoren. Es gibt sogar Gemeinden, die sich mit ehrenamtlichen Predigern und Evangelistinnen begnügen, um die Ausgaben für eine ordinierte Person zu sparen. Sie sehen nicht die Notwendigkeit, einen voll ausgebildeten Pastor einzustellen und übertragen Aufgaben oft an nicht allzu qualifizierte Laien. Daß dies auf lange Sicht der Qualität der Gottesdienste und dem Leben der Gemeinde schadet, wird hier nicht erkannt.

In **Hepu** kann die Gemeinde seit August 1995 wieder in einer schönen großen Kirche ihre Gottesdienste feiern. Seit Ende der achtziger Jahre mühte sich die Gemeinde um ein Ersatzgebäude oder ein neues Grundstück als Kompensation für die Enteignungen während der Kulturrevolution. Das alte kleine Kirchlein im Herzen der Stadt war viel zu klein und baufällig geworden. Der Fußboden im ersten Stock wankte bei jedem Schritt. Es ist geradezu ein Wunder, daß die Kirche nicht unter dem Gewicht der dort versammelten Gemeinde zusammen-gebrochen ist.

Leung erinnert sich, daß hier die Verhandlungen mit dem Staat besonders sensibel waren. Er erzählt: Als damals die ersten Kieler Missionare kamen, wollten die Chinesen in Limchow, wie es damals hieß, keine Langnasen in ihrer Stadt dulden, auch keine Missionare. Zu viel Ungutes hatten sie von den Europäern gehört. Der Kieler Pastor Witt wollte sich damit aber nicht zufrieden geben, sondern ließ einen chinesischen Strohmann ein Grundstück erwerben, auf dem dann die Missionsstation gebaut wurde. So hatte er die abweisenden Limchower überlistet in der guten Absicht, ihnen Zeugnis zu geben von der Liebe Jesu Christi. Das ärgerte wiederum die Chinesen, und eines Nachts ging das

Das von der Regierung freigegebene Ersatzgrundstück für den Kirchbau in Hepu.

... und 3 Jahre danach, die 1995 eingeweihte neue Kirche mit vielen Gemeinderäumen und Wohnung.

Missionshaus in Flammen auf; wahrscheinlich war es Brandstiftung.

Erbost meldeten die Missionare den Vorfall den deutschen Behörden, die ihrerseits eine Strafexpedition von Kanton aus in Bewegung setzten. Das Kriegsschiff Jaguar fuhr flußaufwärts und ankerte vor Limchow. Man drohte, die Stadt zu beschießen, wenn der Stadtmandarin nicht zu Verhandlungen und einer Entschuldigung bereit sei.

Gedemütigt machte sich der Mandarin auf den Weg an Bord des Schiffes, entschuldigte sich und bot als Kompensation ein Regierungsgrundstück an, das die Missionare sich aussuchen könnten. In seiner Verblendung forderte Witt ein Gästehaus der Regierung im Herzen der Stadt, das zudem von großer kultischer Bedeutung für die Chinesen war. Deren Erniedrigung war damit perfekt - und auch ihre Ablehnung der Missionare, die ihnen diese Schmach zugefügt hatten. Die gleiche Ablehnung traf jeden Chinesen, der sich freundlich den Missionaren öffnete. Wieder einmal hatte das Wort Nahrung bekommen: "Ein Christ mehr bedeutet ein Chinese weniger." Der Übertritt zum Christentum wurde als Verrat am chinesischen Volk und seiner Identität angesehen.

Mit solchen Erinnerungen an die Demütigungen aus der Vergangenheit waren die Behörden in Hepu gegenüber den Christen besonders empfindlich. Die Christen ihrerseits wollten endlich zeigen, daß sie zumindest ebenso gute Staatsbürger sind wie alle anderen Chinesen. Entsprechend vorsichtig zogen sich die Verhandlungen hin.

Die Bereitschaft der Regierung zu Zugeständnissen war größer, als es die Christen erwartet hatten, besonders als die staatliche Baubehörde die alte kleine Kirche wegen Baufälligkeit sperren mußte. Man bot den Christen ein verfallenes Gebäude im Zentrum der Stadt an, das dringend saniert werden mußte, praktisch neu gebaut. Darüber hinaus zahlte der Staat 100.000 Yuan

Kompensation für andere kirchliche Grundstücke, die konfisziert waren.

Alle hofften, daß man von diesen Mitteln eine neue Kirche bauen könnte, bis die eigentlichen Arbeiten begannen. Das Grundstück in der Nähe des Lim-Flusses war so moorig, daß man für einen Hausbau ein ungewöhnlich teures Fundament brauchte und allein dafür alle zur Verfügung stehenden Mittel einsetzen mußte. So hatte die Gemeinde schließlich ein Grundstück mit einem soliden Fundament für ein Haus; aber kein Gebäude darauf.

Über Leung gelangte der Hilferuf nach Nordelbien - und ein Stück weit war es auch dort die Erinnerung an die unselige Jaguargeschichte, die Christen in Deutschland zu einer umfassenden Hilfsaktion veranlaßte.

In relativ kurzer Bauzeit wurde ein sehr schönes Gebäude erstellt: Gemeinderaum und Kindergarten im Parterre, Kirche und kleiner Versammlungsraum im ersten Stock, Wohnungen und Gästeräume, auch für Tagungen, im zweiten Stock. Und schließlich ein herrlicher Blick über die Stadt vom Flachdach des Hauses, über dem das Kreuz weithin sichtbar leuchtet. Die Kirche wurde im August 1995 von Bischof Dr. Knuth aus Schleswig eingeweiht.

Die emsige Predigerin Cheung, eine Schwester des Beihaier Pastors, erfüllt die Gebäude mit geistlichem Schwung. Unterstützt wird sie dabei von ihrer noch aktiveren Nichte, Frau Chang aus Beihai, Tochter des dortigen Pastors Cheung. Gemeinsam mit ihrem Bruder hat sie eine großartige Jugendarbeit aufgezogen mit Chor und Laienspielgruppe. Wenn es lebendige Gemeinde gibt, dann ist es hier.

Die Gemeinde in Hepu hat außer der Kirche noch eine große Kindertagesstätte mit gut hundert Kindern. Daß diese Arbeit im sozialistischen Staat überhaupt denkbar und erlaubt ist, setzt immer wieder in Staunen. Natürlich darf hier nicht wie in den Kindertagesstätten des Philip Hauses in Hongkong direkt evangelisiert werden; aber es wird betont christliche Arbeit

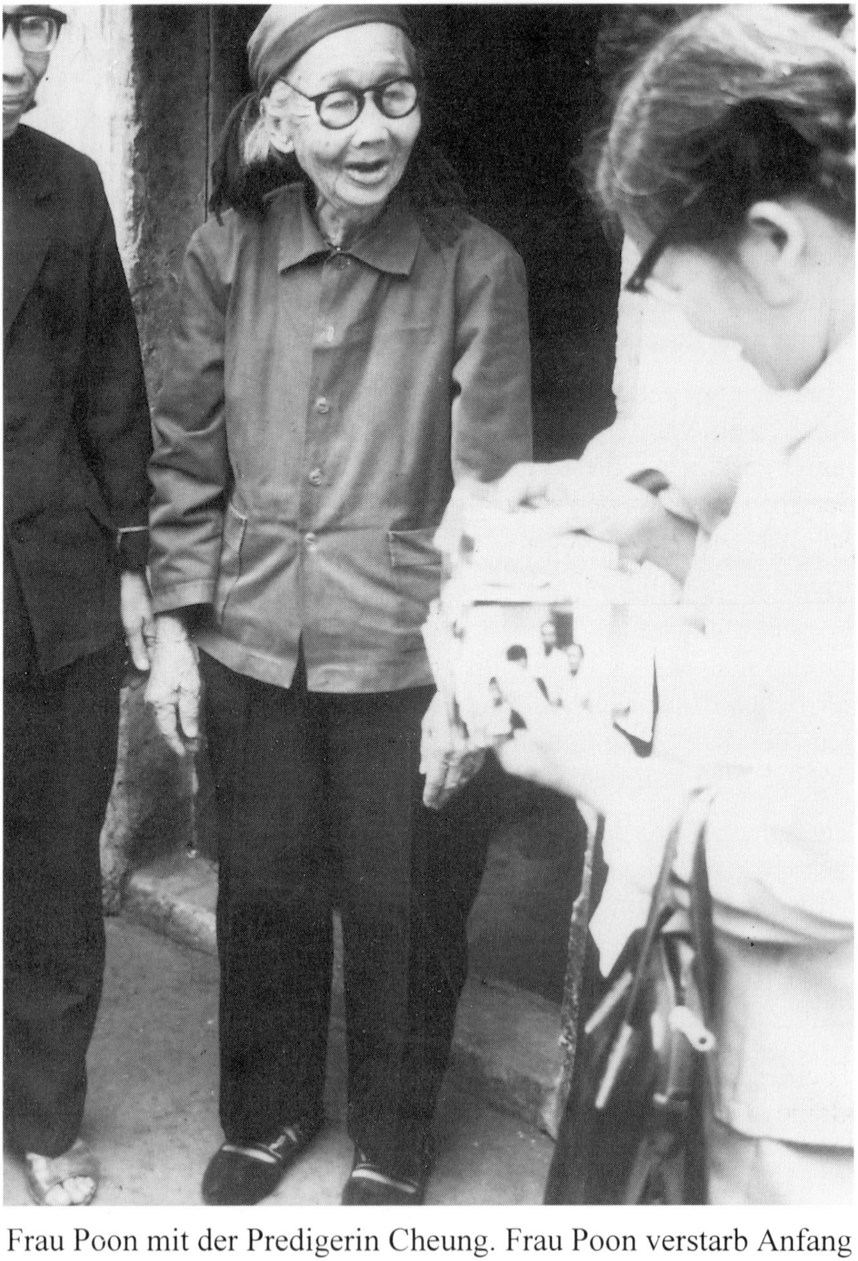

Frau Poon mit der Predigerin Cheung. Frau Poon verstarb Anfang 1996, 104 Jahre alt.

betrieben, vielleicht stärker als in manchen kirchlichen Einrichtungen ähnlicher Art in Deutschland.

Namhong ist ein sehr viel kleinerer Ort. Dort hatte die Gemeinde 1990 noch kein eigenes Grundstück zurückerhalten. Die alte Missionsstation lag mitten in dem Komplex einer staatlichen Mittelschule. Sie dient als Internatsschule für die gesamte Umgebung. Schon von der Lage der Gebäude her war eine Rückgabe ausgeschlossen.

Die Gemeinde hatte sich in einem kleinen Schafstall etabliert und hielt dort ihre Gottesdienste und Gebetsversammlungen. Nach zähen Verhandungen boten die staatlichen Stellen den Christen einen ziemlich heruntergekommenen Schlafsaal am Rande des Schulgeländes an, den man leicht durch eine Trennmauer aus dem Schulgelände ausgliedern konnte. 1991 kam die Gemeinde zu einem ersten Gottesdienst in diesem Haus zusammen. Ein Jahr später hatte sie mit einer finanziellen Hilfe aus Nordelbien daneben eine Kindertagesstätte mit Räumen für drei Gruppen erstellt. 1993 war eine kleine schöne Kirche mit Gemeinderaum hinzugekommen; völlig mit eigenen Mitteln gebaut.

Was ist das Geheimnis dieser Gemeinde? Woher nimmt sie die Kraft für ihr Wachstum? - Leung erzählt eine Märtyrergeschichte, die Geschichte der Frau Poon, die 1995 104-jährig gestorben ist:"Frau Poon war die Frau des Evangelisten von Namhong, eine treue fromme Familie. Sie hatten durch ihr Leben vielleicht mehr Ausstrahlungskraft als durch alle Predigten und Andachten. Frau Poon beteiligte sich an der Gemeindearbeit, wie sie nur konnte und soweit es ihre beiden kleinen Kinder erlaubten, die ältere Tochter und der Sohn. Für ihren Lebensunterhalt hatten sie eine kleine Landwirtschaft, ein Hängebauchschwein, ein paar Hühner. Den Wasserbüffel zum Pflügen des Reisfeldes mit dem Holzpflug mußten sie sich vom Nachbarn borgen. Aber sie lebten sehr genügsam und hatten immer genug und waren zufrieden."

"Mitte der sechziger Jahre trieben die Roten Garden auch in Namhong ihr Unwesen. Sie machten vor niemandem und nichts halt. Eines Morgens hatten sie es auf das Haus der Familie Poon abgesehen. Es war natürlich bekannt, daß die Poons Christen waren, und daß in ihrem Haus sicherlich eine Bibel versteckt war. Mit Hohn und Gelächter machten sich die jungen Burschen und ein paar Mädchen ans Werk. Sie stellten das ganze Haus auf den Kopf, bis sie ihre Beute gefunden hatten: unter dem Kohlehaufen vor dem offenen Herd. Dort hatte die Familie die Bibel in Sicherheit gewähnt. Nun nahmen die Roten Garden es als Beweis: der Prediger Poon und seine Frau waren Volksverräter!"

"Der Mann wurde vor den Augen seiner Familie schrecklich verprügelt und dann mehr taumelnd als gehend mitgeschleppt und ins Gefängnis der Nachbarstadt geworfen. Er durfte keinen Besuch empfangen; hin und wieder hörte die Familie, daß es ihm schlecht gehe - bis nach einem guten Jahr die Nachrichten völlig versiegten. Sie ahnten, daß die Roten Garden ihn umgebracht hatten."

"Nicht viel besser ging es seiner Frau. Täglich wurde sie von den Roten Garden durch das Dorf getrieben, mit einem großen Schild vor der Brust: 'Ich gehöre auch zu den weißen Teufeln!', war darauf zu lesen. Man wollte sie mit der Religion der verhaßten Weißen lächerlich machen. Auf dem kahlgeschorenen Haupt trug sie eine lange Narrenkappe, und in die Hand drückte man ihr einen durchdringenden Gong, den sie ständig schlagen mußte. Jeder sollte es hören: Jetzt kommt die alte Poon, die Verräterin. Wenn ihr die Hände versagten, den Gong zu schlagen, oder sie sich schämte, dann schlug ihr ein Jugendlicher mit einem Knüppel ins Kreuz: 'Los, weitermachen'."

"Ihre Kinder konnten den Anblick der gedemütigten und gequälten Mutter nicht länger ertragen. 'Das kann Gott nicht zulassen, wenn es ihn denn überhaupt gibt, daß unsere treue Mutter so geschunden und verlacht wird', sagten sie und verließen Namhong. Sie kehrten nie zurück. Später hörte Frau Poon, daß die Tochter sich den Roten Garden angeschlossen hatte und es besonders schlimm getrieben haben soll. Der Sohn soll sich zu Tode getrunken haben. - Aber die alte Poon ertrug alle Demütigungen und Pein."

"Am Ende kamen die Jugendlichen und andere zu ihr, die sie beobachtet und sich gewundert hatten. ‘Mutter Poon’, fragten sie, ‘woher hast du die Kraft genommen, dies alles zu ertragen?’- Und dann fing sie an, mit einem liebevollen, vergebenden Lächeln im Gesicht von der Liebe Gottes zu den Menschen und der vergebenden Gnade Christi zu erzählen."

Das ist das Geheimnis des Wachstums der Kirche in China - ihre Märtyrergeschichten!

Zwei Frauen betreuen die Gemeinde in Namhong heute, die Evangelistin Leung und die junge Frau Lo, ähnlich engagiert wie einmal ihre große Vorgängerin. Während Frau Leung nie eine formale Ausbildung bekommen hat, sondern nur das erzählen kann, was aus ihrem Herzen fließt, konnte Frau Lo 1994 an einem der Evangelistenkurse in der Provinzhauptstadt Nanning teilnehmen. Dort ist auch der Sitz der Drei-Selbst-Verwaltung.

In Namhong hat die Gemeinde noch weitere Baupläne. Sie möchte eine größere, sichtbare Kirche im Zentrum der Stadt bauen. Augenblicklich fühlt sie sich an die Peripherie gedrängt. Wie schnell sich solche Pläne umsetzen lassen, wird auch von der Hilfe aus Übersee abhängen. Leung zögert: "Vielleicht wollen sie mehr scheinen als sein," sagt er und berichtigt sich dann aber selbst, "nein, es ist schon richtig, daß Kirche immer die Stadt auf dem Berge, das allen sichtbare Licht sein will.“

In **Sanhoe**, einem kleinen Dorf, arbeitet Herr Sun als Evangelist. Schon sein Großvater war dort Evangelist gewesen; zu seiner Zeit baute sich die Gemeinde eine kleine Kapelle, in der auch Suns Vater Gottesdienste und Andachten gehalten hat. Die Kapelle wurde schon vor der Kulturrevolution enteignet und als Stationsgebäude in das nahegelegene Krankenhaus integriert." Wenigstens können dort Menschen gesund werden," kommentiert Leung mit einem Lächeln. Bisher hat die kleine Gemeinde in Sanhoe vergeblich um Kompensation mit den staatlichen Stellen verhandelt. Sie ist so klein, daß sie ihre Ansprüche nicht recht geltend machen kann.

Auf dem Weg nach Nanning liegt die aufstrebende Stadt **Qinzhou**, schon früher eine Hochburg der Pfingstler. Das hat sich bis heute in die Drei-Selbst-Gemeinde durchgetragen. Diese Gemeinde hat keinen Pastor. Ein junger Laie und dynamischer Prediger, Herr Wong, hat dort eine großartige Jugendarbeit aufgezogen: ein großer Jugendchor mit typisch evangelistisch-missionarischen Liedern und lebendiger Gitarrenbegleitung, eine Laienspielgruppe - biblische Geschichten kommen zur Aufführung, und ein kleines Orchester. Alle Gruppen haben eine bewußt missionarische Ausrichtung. Jugendarbeit als Unterhaltung für sich selbst ist weitgehend unbekannt.

Auch in Qinzhou hat die Gemeinde nach zähen Verhandlungen in der Altstadt ein schönes Grundstück erhalten und aus Kompensationsgeldern des Staates und mit einer Finanzspritze aus Hongkong eine schöne neue Kirche bauen können. Fast sprunghaft ist ihr Wachstum.

Generell stellt Leung fest, daß es in den einzelnen Städten und Dörfern früher stets mehrere Kirchen und Gemeinden verschiedener Konfessionszugehörigkeit gegeben hat. Heute ist es meist eine zentrale Gemeinde der Drei-Selbst-Bewegung und eine unbekannte Zahl von kleinen, nichtregistrierten Hausgemeinden. Obwohl die Zahl der Gebäude im kirchlichen Besitz deutlich abgenommen hat, gibt es sehr viel mehr Gemeindeglieder als vor der Kulturrevolution oder als zur Zeit der Missionen. Chinas Kirche ist die am schnellsten wachsende Kirche der Welt. Das zeigt sich auch im Süden.

Aber obwohl hier und dort die Gemeinden noch einen Neubau von Kirchen und Gemeindehäusern planen, muß man doch feststellen, daß sich das rasche Wachstum der achtziger Jahre sichtbar verlangsamt hat und bisweilen innere Spannungen die Lebendigkeit und das missionarische Zeugnis der Gemeinden lähmen. Je mehr der staatliche Druck auf sie nachläßt, um so mehr können sie sich eigenen Problemen zuwenden. Sofern das zur Konsolidierung der Gemeinde führt, wird das fruchtbar für sie sein; nicht aber wenn es zu Rivalität und Bruch kommt.

Leung ist auch hier zuversichtlich: "Gott ist doch am Werk", sagt er, "und wir sind seine Werkzeuge."

16. Begegnungen in Nanning - Distriktzentrale der Drei-Selbst-Bewegung in der Autonomen Region Guangxi

Immer wenn Leung im Süden Chinas reist, macht er einen Abstecher nach **Nanning**, der Stadt am Yong-Jiang-Fluß, zu seinem alten Freund Timothy Yu, dem Distriktpräsidenten der Kirche in der Provinz Guangxi. Nanning, Hauptstadt der Autonomen Region Guangxi, ist zugleich Sitz der Kirchenleitung dieses Distrikts. Daher liegt Leung viel daran, seine Aktivitäten in den einzelnen Orten seiner näheren Heimat, in Beihai und Hepu und den kleinen Dörfern, mit Präsident Yu abzustimmen. Dabei wird aber auch deutlich, wie begrenzt die Einflußmöglichkeit der Kirchenhierarchie ist. Die chinesiche Kirche trägt doch extrem kongregationalistische Züge, d.h. daß die Autorität bei der Einzelgemeinde viel mehr ruht als bei den übergeordneten Gremien. Mit der Entfernung von der Gemeinde nimmt die Einflußmöglichkeit entsprechend ab, so daß die zentrale Leitung des China Christian Council in Nanjing für die meisten Gemeinden nur noch von nebulöser Bedeutung ist.

Wie wenig selbst die Distrikte ausrichten können, wird in den schwelenden Konflikt um den jungen Pastor Cheung in Beihai deutlich. Schon längst hat ihm Präsident Yu von seinem Amt dispensiert; aber die Gemeinde hat - wohl unter dem Einfluß der Familie Cheung - anders entschieden. Darum amtiert er weiter als Pastor, obwohl der Distrikt ihn schon lange entlassen hat.

Um solchen Tendenzen entgegenzuwirken, sucht Pastor Leung bewußt den Kontakt mit der Distriktführung und würde nichts ohne Absprache mit ihr tun. Dabei kann Leung nicht die Augen davor verschließen, wie eng Pastor Yu mit dem staatlichen Religionsbüro zusammenarbeiten muß. Einige ausländische Besucher haben Pastor Yu wegen dieser Zusammenarbeit mit den staatlichen Gremien unterstellt, daß er im Grunde mehr Kommunist als Christ sei und damit sein Glaube nicht "echt". Dagegen hat sich Leung stets nicht nur heftig verwehrt, sondern wirft seinerseits solchen Besuchern vor, daß sie die Möglichkeit der Kirche im heutigen China völlig verkennen und mit einer vorgefertigten "westlichen" Ideologie die chinesische Situation beurteilen.

Präsident Yu ist sich seiner Gratwanderung durchaus bewußt. Ohne den Kontakt zu den staatlichen Stellen würde nichts laufen. Und über die Jahre ist man geradezu zu einem freundschaftlichen Miteinander gekommen. Jeder weiß, was er vom anderen zu erwarten hat; man kennt die gegenseitigen Begrenzungen und Möglichkeiten. Yu hat es einmal sehr prägnant so ausgedrückt, daß durch seine Kontakte zu den offiziellen Stellen ein Schirm entsteht, unter dem die anderen ruhig und ungestört ihre Arbeit tun können. "Ich aber muß zusehen, daß der Schirm gespannt bleibt!", stellt er über seine Aufgabe fest.

Natürlich gibt es auch Aufgaben, in denen die Einzelgemeinden auf die Distriktzentrale angewiesen sind, wenn es zum Beispiel um Geldüberweisungen aus dem Ausland geht. Praktisch kann nur der registrierte Distrikt solche Überweisungen in Empfang nehmen und auf seinem Konto gutschreiben lassen, um es dann an die Einzelgemeinde weiterzuleiten. Allerdings partizipieren die offiziellen Stellen an solchen Geldtransfers nicht unerheblich mit. Der Staat nimmt eine "Bearbeitungsgebühr" von 15 bis 20 % der aus dem Ausland kommenden Mittel. Leung sieht darin auch den Grund, daß staatliche Stellen die Kirche in China heute geradezu ermutigen, ihre ausländischen Kontakte wieder aufleben zu lassen, um dadurch zusätzliche Geldquellen zu erschließen. Dies hilft auf jeden Fall den einzelnen Gemeinden und der Kirche, aber eben auch staatlichen Stellen.

"Unsere Kirche ist arm", stellt Pastor Yu in einem Gespräch mit Leung fest und verweist auf all die kleinen Minoritätengemeinden in den unwegsamen Bergregionen der Provinz Guangxi. Teilweise haben sie weder eine Kirche noch irgendeinen Versammlungsraum, sondern kommen im Freien oder bei einzelnen

Familien zusammen. Sobald die Gemeinde größer wird, platzen solche kleinen Hausgemeinden völlig aus den Nähten. Viele von ihnen haben angefangen, mit ihren kaum zum Leben reichenden Mitteln ein kleines Sparkonto für den späteren Bau eines Gemeindezentrums einzurichten. Aber es wird noch viele, viele Jahre dauern, bis sich solche Planungen verwirklichen lassen. Deswegen hat Yu Leung immer wieder um Hilfe und Vermittlung von zusätzlichen Mitteln aus dem Ausland gebeten. Auch in den Gesprächen mit dem NMZ wird dies immer mit großer Priorität hervorgehoben.

Hinzu kommt, daß gerade diese armen, von der Entwicklung nahezu ausgeschlossenen Bergregionen immer wieder von Naturkatastrophen heimgesucht werden. In einem Jahr kommt es zu erschreckenden Mißernten wegen ungewöhnlicher Trockenheit. In anderen Jahren hört man von wolkenbruchartigen Unwettern im südlichen China, die die Ernte zerstört haben und unzählige Todesopfer forderten. "Dann müßt Ihr zu allererst an die Bergdörfer denken", sagt Yu und erklärt, weswegen bei ihnen Hilfe wirklich Not tut.

Die chinesische Kirche ist aber auch in den Städten nicht reich. Yu weist darauf hin, daß die Gemeinden oft kaum ihre Pastoren besolden können.

Selbst bei der ausgesprochen lebendigen Bautätigkeit spielen oft staatliche Mittel eine wesentlich größere Rolle als das Gabenaufkommen einer Gemeinde. Überall in China gibt es heute von Seiten der Kirche Verhandlungen mit dem Staat wegen Rückgabe ehemaliger Missions-Gebäude und Grundstücke. Wo dies nicht möglich ist, wird um eine angemessene Kompensation gepockert. Diese Gelder fließen dann in die Renovierung bestehender kirchlicher Gebäude ein oder werden zum Bau von neuen Gemeindehäusern und Kirchen verwandt.

Präsident Yu berichtet, daß auch in Nanning der sonntäglich genutzte Kirchraum viel zu klein für die stetig wachsende Gemeinde ist. Man hat daher mit dem Staat verhandelt wegen

Kompensationsleistungen für ehemalige Missionsgrundstücke, die entlang des Yong-Jiang-Flusses lagen, also in der besten Gegend im Stadtzentrum. Die Regierung hat nun der Kirche ein Ersatzgrundstück im Herzen der Stadt angeboten, das immerhin so verlockend liegt, daß eine Hongkong-Handelskette ein Joint Venture mit der Kirche einging, gemeinsame Sache machte: Vorn an der Straße entsteht nun ein zwölfgeschossiges Geschäftszentrum des Handelshauses aus Hongkong; dahinter - also im Hinterhof - baut das Hongkonger Unternehmen ein siebengeschossiges Allzweckgebäude für die Kirche, mit Gemeinderäumen, großer Kirche, Verwaltungsräumen und Wohnungen. Mehrere Etagen werden auch davon noch für Geschäftsunternehmen zur Miete freistehen - und somit eine willkommene stetige Einnahmequelle für die Gemeinde sein. Yu erklärt Leung bedrückt: "Und die Gemeinde behauptet stolz, daß sie dieses riesige kirchliche Gebäude ohne jegliche Hilfe von außen, ganz aus eigenen Mittel baue. Dabei haben sie im Grunde nicht einen einzigen Yuan zu dem ganzen Unternehmen dazugetan." Leung hält das für eine ernste Anfrage an das Drei-Selbst-Prinzip der Gemeinden und der Kirche ins-gesamt. Auf keinen Fall steht die Selbst-Finanzierung auf so sicheren Beinen, wie man das manchmal nach außen hin glauben machen möchte. Deswegen ist in Nanning auch die Freude von Präsident Yu über den großen Neubau der Kirche sehr geteilt.

Yu freut sich jedenfalls über die neuen Möglichkeiten, Seminare und Fortbildungskurse für die kirchlichen Mitarbeitenden der Provinz anbieten zu können. Bisher stehen dem Distrikt nur sehr begrenzte Räumlichkeiten in der Seven Star Straße zur Verfügung. Der Pastorenmangel in den entlegenen Gemeinden ist so groß, daß der Distrikt immer wieder besonders eifrige Christen zu Evangelistinnen und Evangelisten auszubilden sucht und einigen von ihnen nach mehreren Jahren Gemeindepraxis sogar die Ordination anbietet. Diese Kurse werden im jetzigen Distriktzentrum unter äußerst bescheidenen Bedingungen durchgeführt. Während des zweimonatigen Kurses sind die Teilnehmenden in

Eine kleine Christengemeinde versammelt sich in einem Schafstall zur Andacht.

Die neue Generation von Pastorinnen: Gao Ying in Beijing, eine dynamische junge Frau.

großen Schlafsälen untergebracht und werden von einer Großküche versorgt. Den Unterricht übernehmen die Pastoren von Nanning selbst, also auch besonders Pastor Yu, unterstützt von Kolleginnen und Kollegen aus der näheren Umgebung. Zur Deckung der Unkosten müssen die entsendenden Gemeinden eine feste Kursgebühr entrichten, in Einzelfällen sogar die Teilnehmenden selbst. Der Distrikt hat keine eigenen Mittel zur Durchführung dieser Lehrgänge. Deswegen bat Präsident Yu Leung immer wieder bei seinen Besuchen um Vermittlung von Zuschüssen für diese wichtige Arbeit.

So wenig der Distrikt auf die einzelnen Gemeinden Einfluß nehmen kann, so wenig wiederum fühlt der sich der Zentralkirche in Nanjing und Shanghai verpflichtet. Im Grunde liegt das Verhältnis auf dieser Ebene ähnlich wie das zwischen Distrikt und Gemeinden: Man nimmt gerne die Dienste der Zentrale in Anspruch, fühlt sich aber nicht an deren Weisungen gebunden - wenn denn von dort überhaupt solche zu erwarten sind.

Die wenigen jungen Theologen der Provinz Guangxi sind meistens Absolventen des großen Seminars der Kirche in Nanjing. Der Distrikt schickt besonders engagierte junge Christinnen und Christen auf das nächstliegende Pastorenseminar nach Guangzhou, wo sie in einem zweijährigen Kursus zu Pastorinnen und Pastoren ausgebildet werden. Die meisten kehren von dort aus direkt in die Gemeinden zurück. Besonders talentierte und zukunftsweisende junge Menschen werden jedoch vom Distrikt - oft nach einer erneuten ausgedehnten Gemeindephase - zur Weiterbildung für vier Jahre nach Nanjing geschickt. So dient Nanjing für alle dreizehn Provinz-Seminare der Kirche als höhere Ausbildungsstätte, zu der nur eine begrenzte Anzahl von Theologinnen und Theologen zugelassen werden können.

Allein die räumliche Entfernung zwischen Nanning und Nanjing bzw. Shanghai ist so groß, daß es nicht zu einer engen Kooperation kommen kann. Auch sind die Probleme der Kirche im Süden, die großenteils aus relativ armen Gemeinden von Minoritäten besteht, und den Gemeinden in den städtischen Ballungszentren in Mittel- und Nordchina so unterschiedlich, daß die einen die anderen nur schwer verstehen können. Daher gibt es keinen Grund für Präsident Yu, engere Kontakte mit der Zentralkirchenleitung unter Bischof Ding zu suchen.

17. Reflexionen zu Pastor Leungs Leben

Wenn Pastor Leung Sin-Sang auf die letzten 25 Jahre seines Wirkens an der Philip-Haus-Kirche in Hongkong zurückschaut, dann sagt er: "Als erstes bin ich immer Pastor für die Leprakranken gewesen; das ist Gottes besonderer Auftrag für mich; und Er hat mich reichlich in dieser Arbeit gesegnet. Oft habe ich mich dabei wie König David nach dem Zusammentreffen mit dem Propheten Nathan aus 1.Chronik 17, 16 gefragt: ‘Wer bin ich, Herr, Gott, und was ist mein Haus, daß du mich bis hierher gebracht hast?’"

"Ich habe oft gelebt wie Elia bei der Witwe von Zarpath: Wir hatten nichts, aber das Mehl im Topf ging nicht aus und das Öl im Krug wurde nicht verzehrt; Gott hat immer gesorgt. Ich hatte kein festes Gehalt, weder bei den Leprakranken auf Hei Ling Chao noch im Philip-Haus, und dennoch hatte ich nie Mangel - im Gegenteil, ich konnte stets mit anderen teilen und manchem mit dem, was ich hatte, helfen."

"Mein Leben stand immer unter der Frage: Gehen oder bleiben? Zu Beginn meiner Arbeit als Pastor gab es keinen Platz in der lutherischen Kirche von Hongkong - also ging ich mit meiner Familie nach Malaysia."

"Als unsere Zeit dort abgelaufen war, fragte ich nach einem neuen Ziel. Ein methodistischer Freund hatte mich für eine Bibelschule in Sumatra anwerben wollen; zugleich hatte ich das Angebot für die Leprainsel Hei Ling Chao. Ich schrieb beiden, daß jetzt die Zeit für einen Wechsel gekommen sei, und daß ich es in Gottes Hand lege, wo Er mich haben wollte. Die Antwort von Hei Ling Chao war schneller als die von Sumatra - und so ging ich dorthin und wurde der Pastor für die Leprakranken. Ich sehe darin eine Fügung Gottes."

Pastor Leung Sin-Sang im Gespräch mit einem alten Freund aus der Lepra-Arbeit.

"Ich war der erste Pastor, der ganz bei den Leprakranken wohnte und jederzeit erreichbar war. Alle anderen Mitarbeitenden dort lebten in Hongkong und kamen nur zum Dienst auf die Insel; ihr Zuhause aber war woanders. Ich hatte keine andere Heimat als die Kranken; das hat mich unwahrscheinlich mit ihnen verbunden."

"Als ich als junger Pastor meine Arbeit in Hongkong begann, wurde ich an das Krankenbett einer jungen Leprafrau gerufen, die sterbenskrank darniederlag. Sie begehrte vor ihrem Tod die Taufe, um bei Jesus zu sein. - Als ich nahezu zwanzig Jahre später nach Hei Ling Chao kam, traf ich diese Frau wieder mit der Lepra, sonst aber quicklebendig. ‘Weißt du, Pastor’, sagte sie, ‘nach der Taufe wurde ich wieder ganz gesund und dankte Gott für dieses Wunder, was Er durch dich an mir getan hat.’ - Dieser Satz klang lange in meinem Herzen nach: Gott tut Wunder durch mich - auch heute."

"Hei Ling Chao ist eine Insel. Daher gingen die Leprakranken oft fischen, um damit ihren Küchenzettel aufzubessern. Ich habe sie einmal dabei begleitet, ging mit ihnen an den Strand, wo sie ihre Angeln auswarfen oder Netze durch das seichte Wasser zogen, um damit kleine Fische zu fangen. Plötzlich geriet ich in einen Schwarm kleiner Fische, die von einem großen Fisch gejagt wurden. In seiner Verfolgungsjagd schwamm er so weit ans Ufer, daß er plötzlich auf dem Sand festsaß. So konnte ich ihn mit den bloßen Händen greifen; wir hatten alle eine gute Mahlzeit davon. - Ich sah darin eine Bestätigung Gottes, daß Er mich zum Menschenfischer bestellt hatte. Ich sollte Böses von den Menschen fernhalten und sie zu Christus führen. Denn es ist sonst doch unmöglich, einen Fisch mit der bloßen Hand zu fangen."

"Stets ist mir die Arbeit Freude gewesen. Es gab immer eine Vielzahl und bunte Vielfalt von Aufgaben, die ich oft gar nicht alle bewältigen konnte."

"Als das Leprosorium in Hei Ling Chao aufgelöst wurde, mußten die Lepraleidenden sich einen Unterschlupf in Hongkong suchen. Soweit sie Familien hatten, war das nicht so schwer. Es gab aber viele, die niemanden hatten, wo sie Herberge finden konnten. Viele von ihnen sind heute bereits gestorben. Andere vegetieren in ärmlichsten Verhältnissen dahin. Ich habe einige bei den Käfigmenschen wiedergetroffen; Menschen, die eine kleine Wohnung teilen, die vom Vermieter in kleinste Drahtverhaue aufgeteilt wurde, drei oder vier Partien übereinander. Jeder hat zwei Kubikmeter Privatsphäre; das Ganze durch ein Vorhängeschloß gesichert." "Diesen Menschen zu helfen, darin sehe ich heute meine Aufgabe. Ich möchte gern ein Altersheim gründen, in dem sie würdevoll leben und sterben können, und möchte ihnen selbst dort ganz nahe sein. Ich hatte nie Angst, ihnen zu begegnen und in ihrer Mitte zu leben. Ich weiß, daß Schwestern in den staatlichen Krankenhäusern die Leprakranken oft nur mit Gummihandschuhen anfassen aus Angst vor dieser Krankheit. Die Nachbarn haben sie oft diffamiert; wollten sie wegekeln aus ihrem Bezirk, weil sie die Wohnqualität ihrer Gegend gefährdet sahen. Aus all diesen Gründen würde ich den alten Leprapatienten in ihrem Alter noch einmal gern eine menschenwürdige Unterkuft gönnen. Aber uns fehlen die Mittel und mutige Unterstützung."

"Ich war von Kind an mit der Mission verbunden, bin bei den Missionaren aufgewachsen. Mein Name ist Sin-Sang, d.h. ‘wohl’ oder ‘gut - Leben’; man könnte es fast mit ‘wohlgeboren’ übersetzen. Am selben Tag wie ich wurde dem Lehrer Lee Matai ein Sohn geboren, der den Namen Wo-Sang erhielt, d.h. ‘friedlich - Leben’ oder ‘friedlich geboren’. Ich bin frühmorgens geboren, in die aufgehende Sonne; er kam abends mit dem Sonnenuntergang zur Welt. Das hat uns ein Leben lang unterschieden: Wo-Sang sah immer die dunklen Seiten des Lebens; ich habe immer im Licht gestanden oder das Licht gesehen; ja, das Licht Gottes zum Leuchten gebracht."

"Als wir noch Kinder waren, haben wir jedes Jahr Weihnachten ein Krippenspiel aufgeführt. Ich habe dabei mehrmals die Rolle des Joseph gespielt; Lu-Dak war die Maria. Im Spiel waren wir

Mann und Frau; im Leben waren wir miteinander verlobt gewesen; aber wir konnten nicht zusammenkommen. Das ist ein Stück Traurigkeit, die über meinem Leben hängt."

"Joseph ist ein Name, den ich gern getragen hätte - nicht in Erinnerung an den Mann Marias, sondern in Anlehnung an den Sohn Jakobs aus dem Alten Testament. Er hat seinem Volk Gutes getan - und daran wollte ich mich stets orientieren. Als ich allein aus Malaysia 1971 nach Hongkong ziehen mußte ohne meine Familie, da dachte ich ebenfalls an Joseph, wie er einsam und allein in Ägypten weilte. Aber immer wieder hatte der Herr eine Aufgabe für ihn - und genauso für mich."

"In diesen fünfundzwanzig Jahren und in der Zeit davor gibt es zwei Worte, die mein Leben bestimmt und geprägt haben. Es ist das einfache 'Ja, Vater!', - das Ja zu der Sendung Gottes, das Ja zu den Menschen."

"Ich habe 'Ja' gesagt, als Vater Paulsen mir einen Auftrag gab. und ich weiß heute, daß oftmals der Wille Gottes hinter diesen Worten stand. Gott redet mit uns durch Menschen; die Frage ist, ob wir dazu Ja sagen können, oder eher unseren eigenen Wünschen und Begierden folgen. Das 'Ja, Vater!' hat mich geprägt und begleitet. Manchmal war es ein schwer errungenes Ja, nicht leichthin dahergeredet, sondern erkämpft. Aber es war ein Ja, und es blieb dabei."

So steht die Lebensgeschichte des Pastors Leung Sin-Sang ein Stück weit in Parallele zu den alttestamentlichen Berufungsgeschichten der Propheten - das "Ja, hier bin ich, sende mich!" Dem ist er ein Leben lang, bisweilen auf Umwegen, gefolgt, und will dem auch in der Zukunft vertrauend folgen.

Die Lutheran Philip House Church hat in der Stammgemeinde in der Fuk Lo Tsuen Straße etwa 250 eingetragene Mitglieder. In Tin Hong in der Kai Yip Siedlung kommen noch einmal fünfzig Gemeindeglieder hinzu. Kaum nennenswert ist die Zahl der Mitglieder in Pui Man. Die neue Gemeinde in Oi Lun, in Shatin hat etwa zwanzig Mitglieder und noch das beste Wachstumspotential.

Von den Zahlen her ist das nur ein Staubkorn im Getriebe dieser Millionenstadt Hongkong. Aber auch ein Diamant ist oft nur verschwindend klein und doch köstlich anzusehen und von besonderem Wert. Die Philip Haus Kirche ist ein solches Kleinod, ein Diamant; sie leuchtet gleißend hell in aller Trostlosigkeit und allem Dunkel der Stadt - weil es dort einen Menschen wie Leung gibt.

Seit seiner Gründung hat das Philip Haus in einer lockeren Verbindung zur Evangelisch Lutherischen Kirche von Hongkong (der ELCHK) gestanden. Leung wollte aber nie ein Vollmitglied dieser Kirche werden und sich unter ihre Verfassung stellen. Die ELCHK ist mit etwa 12.000 Mitgliedern und ihren fünfzig Predigtstätten eine der großen lutherischen Kirchen Hongkongs. Leung und mit ihm der Vorstand der Philip Haus Kirche haben Angst, daß sie in dem größeren Verbund ihre Identität verlieren würden - bewußt Kirche für die Armen und Leprakranken zu sein. Hier unterscheidet sich das Philip Haus von allen anderen protestantischen Kirchen der Stadt, die sehr stark dem Mittelstand und der wohlhabenden Oberschicht zugewandt sind. Als die ELCHK 1995 zu ihrem vierzigsten Geburtstag Bilanz machte und alle lockeren Verbindungen in feste Verpflichtungen umwandeln wollte, zogen sich Leung und das Philip Haus zurück. Sie wollten keine endgültige Bindung eingehen. Sicherlich ist es dem Vorstand der kleinen Kirche klar, daß sie in der Zeit nach Leung nur im Verbund einer größeren kirchlichen Einheit überleben können; aber sie sehen jetzt noch keine Notwendigkeit für einen solchen Schritt.

Die Philip Haus Kirche ist Teil der Lutheran Federation, des lutherischen Kirchenbundes, in dem die fünf großen lutherischen Kirchen Hongkongs und einzelne Gemeinden zusammenarbeiten. Ihre Vielfalt - eben allein schon unter den Lutheranern - ist aus ihrer geschichtlichen Herkunft zu erklären. Merkwürdigerweise

Leung mit der Pastorin Josephine Cho, der neuen Präsidentin der ELCHK, der lutherischen Kirche von Hongkong. Auf der Karte sind sämtliche Gemeinden der ELCHK eingetragen.

Das neue Lutherische Theologische auf dem Tao Fong Shan in Hongkong; hier sollen künftige Theologengenerationen ausgebildet werden.

halten sich in der Ferne solche Traditionen schärfer und länger, als das in den eigentlichen Herkunftsländern selbst der Fall ist, wo Ökumene und geschwisterliche Beziehungen vielfach alles Trennende abgelöst haben. - In Hongkong sind es die ELCHK, die größte und offenste unter allen lutherischen Kirchen; dann die Rhenish Church, die aus der Arbeit der Barmer Mission hervorgegangen ist; die Basel Lutheran Church; die Chung Chi Kirche und schließlich die Hongkong Macao Lutheran Church. Dazu kommen dann selbständige lutherische Gemeinden wie die Philip Haus Kirche, von denen es noch eine ganze Anzahl gibt. Zu einem Kristallisationspunkt der Lutheraner der Stadt ist die neue Ausbildungsstätte auf dem Tao Fong Shan geworden, das Lutheran Theological Seminary, mit erheblichen Mitteln des Lutherischen Weltbundes großzügig und großartig gebaut in einer einmalig schönen Berglandschaft. Hier hat wirklich die Zukunft bereits begonnen. Es ist die schönste und größte theologische Ausbildungsstätte Ostasiens geworden - im Blick darauf, daß Hongkong 1997 wieder mehr das Tor zu China sein wird als in seiner Geschichte als Kronkolonie bisher. Schon heute studieren die ersten Studenten aus der Volksrepublik auf dieser einzigartigen Schule.

Seit Juni 1996 ist das Philip Haus, vertreten durch Pastor Leung, Mitglied dieses Seminars mit Sitz in seinem Aufsichtsrat. Dadurch wird einmal neu dokumentiert, wie sehr das Philip Haus nach vorn orientiert ist, und nicht nur von seiner Geschichte her lebt.

Pastor Leung ist Mitglied im Ausschuß zur Vorbereitung der Weltkonferenz des Lutherischen Weltbundes im Juli 1997 in Hongkong, unmittelbar nach der Rückgabe der Kronkolonie an die Volksrepublik. - Das Philip Haus steht nicht in einem Winkel, sondern mitten in der Gegenwart.

Mancher engagierte Christ in Hongkong heute lächelt über den fröhlichen alten Leung und sein "Ja, Vater!" - Das Hongkong Christian Institute etwa hält die Finger am Puls der Zeit und mahnt demokratische Strukturen, Pressefreiheit, Garantie der Menschenrechte und Einlösen der Zusagen der Verträge von 1984 von den Chinesen und bei den Engländern an. Das ist für Leung nahezu eine andere Welt. "Die sind nur noch politisch", stöhnt er und hält dagegen: "Wir wollen Menschen für Christus gewinnen."

Es ist wichtig, daß es die kritischen und politischen Stimmen im Zeichen des Wandels in Hongkong gibt. Vielleicht sichern sie den Kirchen auch über das Jahr 1997 hinaus die Möglichkeit, über die weitgehend vom Staat finanzierten sozialen Einrichtungen evangelistisch zu wirken. Auch für die Arbeit des Philip Hauses wäre es ein enormer Verlust, wenn sie nicht mehr die Kindertagesstätten als Sammelorte der Gemeinde nutzen könnten und über die Kindergruppen missionarisch in die Familien hinein wirken. Aber Pastor Leung ist nicht beunruhigt bei dem Gedanken an die Zukunft. "Ja, Vater!", sagt er, "du wirst einen Weg für uns haben." Mit seinem fröhlichen, unkritischen Gottvertrauen gehört er in die Stadt als ein leuchtendes Beispiel der Liebe Gottes zu den Menschen.

18. Ausblick - die Chinabeziehungen der Nordelbischen Kirche

Mit der Machtübernahme der Kommunisten in China 1949, die Chinesen nennen es das "Jahr der Befreiung" 1949 und schließlich der Rückkehr von Missionar Felix Paulsen brachen die direkten Kontakte Breklums mit den Gemeinden in China fast völlig ab. Die Beziehungen lebten in den Herzen und Gebeten einzelner fort - in Deutschland wie in China; aber die Nachrichten hin und her wurden immer spärlicher. Während der langen Verhandlungen über die Integration von Mission und Kirche, die auch an der Breklumer Mission nicht vorübergingen, kam es auch zu einer neuen Diskussion über die Beziehungen Nordelbiens zu China. Als sämtliche Missionsaktivitäten aus den alten Landeskirchen - Schleswig-Holstein, Hamburg, Lübeck und Eutin, sowie der Landessuperintendentur Lauenburg - 1971 in das Nordelbische Missionszentrum einflossen, gab es dort Überlegungen, ob nicht in Hamburg ein China-Referat angesiedelt werden sollte, um gewachsene Beziehungen aus der Vergangenheit für die Gegenwart und Zukunft fruchtbar zu machen. Die Verhandlungen scheiterten damals einfach an der Frage, wer diese Aufgabe übernehmen könnte. Immerhin hatte sich das NMZ verpflichtet, die Freundeskreise der ehemaligen Ostasienmission auf ihrem Gebiet weiterhin zu betreuen und deren Beziehungen nach außen wahrzunehmen.

Daß China, auf jeden Fall Hongkong, stets im Bewußtsein nordelbischer Gemeinden verankert blieb, dafür sorgte vor allem Pastor Leung Sin-Sang mit seinen regelmäßigen Besuchen in Deutschland, seinen Reisen in den Gemeinden und Auftritten bei den Jahresfesten des NMZ in Breklum.

Vornehmlich berichtete Pastor Leung natürlich über seine Arbeit in Hongkong, besonders über die des Philip-Hauses, die finanziell von Nordelbien mit getragen wurde. Stets hatte er aber auch

Nachrichten aus dem Süden Chinas, die durch Flüchtlinge oder Freunde nach Hongkong gelangt waren.

Ganz neu wurden die Erinnerungen an die Christen in China in der Nordelbischen Kirche durch den Besuch des früheren Missionsdirektors D.Dr. Martin Pörksen dort wachgerufen. Zusammen mit seinem Sohn Jens-Hinrich reiste er im Oktober 1983 in die Volksrepublik. Die beiden faßten ihre Eindrücke in einem kurzen Bericht in den Breklumer Heften unter dem Titel "Verfolgt, aber nicht verlassen" zusammen. Pörksen, Vater und Sohn, waren von Hongkong aus gemeinsam mit Leung nicht nur nach Guangzhou und von dort in den Süden Chinas zu den alten Breklumer Gemeinden vorgedrungen, sondern auch offiziell in Nanjing von Bischof Ding Guang Xou empfangen worden. Dies machte ihren Besuch zu einem kirchengeschichtlichen Ereignis weit über die Grenzen Nordelbiens hinaus. Als Vorsitzender des Evangelischen Missionswerks in Hamburg, dem Zusammenschluß deutscher Missionswerke, kurz EMW, konnte der NMZ Direktor Paul-Gerhardt Buttler im Jahr darauf eine Delegation des Chinesischen Christenrates bei der EKD willkommen heißen und sie zeitweilig bei ihrem Besuch in Deutschland begleiten.

Im Februar 1985 erwiderte eine deutsche Delegation unter Führung von Landesbischof D. Lohse für die EKD und NMZ-Direktor Buttler für das EMW den Besuch der Chinesen. Auch der damalige Schleswiger Bischof D. Stoll war Mitglied der Abordnung, so daß Nordelbien von Anfang an direkt an den neugeknüpften Banden zu China beteiligt war.

Das Nordelbische Missionszentrum gehörte zu den ersten deutschen Missionswerken, die 1985 den Ruf der neugegründeten Diakoniestiftung "Amity Foundation" aus Nanjing aufnahmen: Mit Detlef Vogel aus Flensburg entsandte das NMZ im Rahmen des Amity-Programms einen der ersten Deutschlehrer für zwei Jahre nach Nanjing. 1987 kehrte Vogel nach Deutschland zurück; seine Stelle übernahm 1988 für ein Jahr Karin Arkenberg. Dann allerdings vergingen drei Jahre, bis das NMZ mit Ursula Ullmann

In derselben Reihe sind bisher erschienen:

CHRISTLICHER GLAUBE IN DER EINEN WELT, Bd.1
Bärbel Fünfsinn, L.Carlos Hoch, Christiane Rösener (Hrsg.):
Töchter der Sonne -
Unterwegs zu einer feministischen Befreiungstheologie in Lateinamerika, EB Verlag Hamburg 1996, 223 Seiten.

Als ich diese Aufsätze las, war mein erster und dann sehr nachhaltiger Eindruck: Diese Theologie ist lebendig. Da wird erzählt, gedichtet, gesungen, kritisiert und argumentiert. Die Texte sind lesbar und überhaupt nicht langweilig. Das fällt mir als deutscher Theologin so auf, weil unsere theologischen Bücher, auch wenn sie ganz neu sind, oft viel trockenen Staub verbreiten. In diesen Texten sprechen Laiinnen und Wissenschaftlerinnen in einem gemeinsamen leidenschaftlichen Chor.
Luise Schrottroff

CHRISTLICHER GLAUBE IN DER EINEN WELT, Bd.2
Rolf und Sybille Wassermann:
Lupila -
Die Entdeckung des Dorfes in Afrika
Neue Wege in der Ökumenischen Partnerschaft
EB Verlag Hamburg 1996, 275 Seiten.

„Den Grundstock dieses Buches bilden Rundbriefe eines Missionarsehepaares, das vier Jahre lang im entlegenen und in vieler Hinsicht vernachlässigten Süden Tansanias gelebt und gearbeitet hat. Gerade der persönliche Charakter und Stil macht dieses Buch gut lesbar und lesenswert. Es nimmt uns mit auf den Weg des Entdeckens und Lernens, es mutet uns ernüchternde Erfahrungen des Fremdseins und des Fremdbleibens zu, und es läßt uns teilhaben an Nähe und geglückter Begegnung. Was rückblickend im letzten Satz gesagt wird, durchzieht das ganze

Buch: „Und vor allem werden wir den Eindruck nicht los, wir hätten etwas erlebt, was Euch angeht.“
Aus dem Vorwort von Joachim Wietzke.

CHRISTLICHER GLAUBE IN DER EINEN WELT, Bd.4
Carola Kienel, Sieghard Wilm (Hrsg.):
„Wo bin ich hier ?“
Erfahrungslernen im Stipendienprogramm der Nordelbischen Kirche
EB Verlag Hamburg 1997, 222 Seiten.
Mit unseren inneren Bildern von einer anderen Kultur, von einer anderen Art zu denken und zu glauben, haben wir das Fremde immer schon vermessen, ehe wir ihm eigentlich begegnet sind. Die Begegnung selbst ist dann oft eine Ent-Täuschung unserer Vermessenheit. Was wir uns dachten, stimmt so nicht.